人│文│社│科
高校学术研究论著丛刊

大学生职业规划与创新创业

李新宇 著

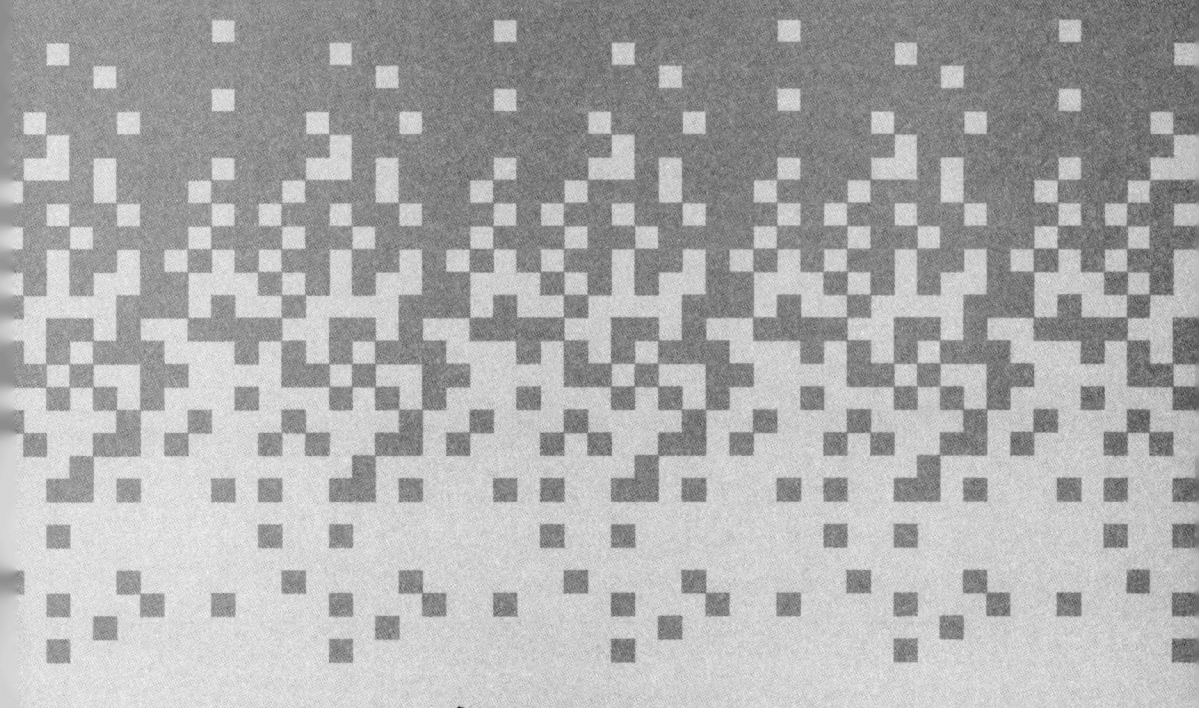

中国书籍出版社
China Book Press

图书在版编目(CIP)数据

大学生职业规划与创新创业 / 李新宇著. — 北京：
中国书籍出版社, 2019.11
ISBN 978-7-5068-7513-4

Ⅰ.①大… Ⅱ.①李… Ⅲ.①大学生 - 职业选择 - 高等学校 - 教材 Ⅳ.① G647.38

中国版本图书馆 CIP 数据核字（2019）第 255727 号

大学生职业规划与创新创业

李新宇　著

丛书策划	谭　鹏　武　斌
责任编辑	邹　浩
责任印制	孙马飞　马　芝
封面设计	东方美迪
出版发行	中国书籍出版社
地　　址	北京市丰台区三路居路 97 号（邮编：100073）
电　　话	（010）52257143（总编室）（010）52257140（发行部）
电子邮箱	eo@chinabp.com.cn
经　　销	全国新华书店
印　　刷	三河市铭浩彩色印装有限公司
开　　本	710 毫米 ×1000 毫米　1/16
印　　张	13.75
字　　数	178 千字
版　　次	2020 年 7 月第 1 版　2020 年 7 月第 1 次印刷
书　　号	ISBN 978-7-5068-7513-4
定　　价	78.00 元

版权所有　翻印必究

目 录

第一章 职业规划理论概述 ·· 1
  第一节 职业与职业生涯规划 ·· 1
  第二节 职业规划的意义 ··· 15
  第三节 职业生涯管理 ·· 19
  第四节 大学生自我认知与职业发展 ··································· 29

第二章 大学生职业规划 ·· 40
  第一节 大学生职业规划目标制订 ······································ 40
  第二节 大学生职业规划设计 ·· 49
  第三节 大学生职业规划实施 ·· 69
  第四节 大学生职业规划修正 ·· 74

第三章 大学生择业 ·· 78
  第一节 当代大学生就业环境与政策分析 ···························· 78
  第二节 大学生职业观念与职业展望 ··································· 91
  第三节 大学生择业影响因素与干预 ··································· 99
  第四节 热门职业发展分析 ··· 111

第四章 大学生就业 ·· 120
  第一节 就业信息获取与分析 ·· 120
  第二节 大学生求职材料 ··· 128
  第三节 大学生面试技巧与礼仪 ··· 139
  第四节 大学生就业流程与法律保障 ··································· 143
  第五节 大学生就业心理调适 ·· 149

第五章 大学生创业时代的到来 ·············· 154

第一节 我国大学生创业潮 ················ 154
第二节 我国创业环境与创业前景 ············ 157
第三节 新时代大学生必备职业素质 ·········· 163

第六章 大学生创新创业 ···················· 177

第一节 "双创"背景下的大学生创新创业教育 ··· 177
第二节 新时期大学生创业意向及需求 ········ 190
第三节 大学生创业选择与误区 ·············· 199
第四节 "互联网+"时代的创业革命 ········· 205

参考文献 ································ 211

第一章　职业规划理论概述

职业是个体踏入社会后与社会连接的一个重要平台,是个体在社会中安身立命、实现自我价值和社会价值的根本。人生中的几十年都是在职业生涯中度过的,选择一份自己热爱而且擅长的职业,对个人和整个社会而言都是非常有意义的。本章主要就职业与职业生涯基本理论知识进行分析研究,为个体更加全面、深入了解职业与职业规划奠定理论知识基础。

第一节　职业与职业生涯规划

一、职业

（一）职业的概念

职业是社会分工的结果,是随着社会经济的不断发展而产生和发展的。职业出现以后,随着社会经济的不断发展而持续不断丰富,在职业的学术理论研究中,不同学派的不同专家与学者,处于不同的研究目的,对职业有不同的理解,因此,职业的概念界定始终在变化,并无统一的概念描述。

有学者认为,职业是指人们在社会生活中所从事的,以获得物质报酬为主要生活来源、同时满足自我精神需求,具有专门技能的工作。[①]

目前,根据中国职业规划师协会的定义:职业＝职能 × 行业,这是对职业的一种解释。

(二)职业的分类

职业分类是国家采用一定标准与方法对各从业者进行的职业划分与归类。

1986 年,参照国际标准和方法,我国首次颁布了《职业分类与代码》(GB6565-86)国家标准,将全国职业分为 8 个大类、63 个中类、303 个小类。

1992 年,原国家劳动部会同国务院各行业部委组织编制了《中华人民共和国工种分类目录》,将当时我国职业分为 46 个大类、4 700 多个工种。

1998 年 5 月,我国颁布实施《中华人民共和国职业分类大典》,这是我国第一部权威性职业分类文献,将我国所有职业分为 8 个大类、66 个种类、413 个小类(表 1-1)。

表 1-1 我国职业分类

分类	大类(内容)	中类(个)	小类(个)	细类(个)
第一大类	国家机关、党群组织、企业、事业单位负责人	5	16	25
第二大类	专业技术人员	14	116	379
第三大类	办事人员和有关人员	4	12	45
第四大类	商业、服务业人员	8	43	147
第五大类	农、林、牧、渔、水利业生产人员	6	20	121
第六大类	生产、运输设备操作及相关人员	27	195	1 119
第七大类	军人	1	1	1
第八大类	其他从业人员	1	1	1

---

① 石建勋.职业生涯规划与管理[M].北京:清华大学出版社,2017.

(三)职业的特点

1. 经济特点

从产生来看,职业是生产劳动分工的产物,是经济发展到一定程度必然会出现的社会分工。

从个人生存来看,职业是个人获得经济收入的重要来源,是个人在社会中生存并维持家庭生活的重要手段。

从社会构成来看,职业是构成社会经济体运行的重要主体,职业生产所创造出来的劳动财富为社会发展奠定必要的物质基础。

从经济发展来看,经济的发展可以促进社会分工的进一步细化,可以促进新的职业的产生。如改革开放以来,我国房地产业、租赁业、保险业、广告业、旅游业等的产生,这些新兴的行业及行业内的职业是经济发展的重要结果。

2. 社会特点

职业是社会发展的产物,职业的出现体现出社会分工的细化,每一种新的职业的出现都代表社会的分工进一步细化,社会成员从事各种各样的职业,促进社会的发展。

3. 技术特点

职业的出现表示某项工作的开展需要由具体的人员来进行,而从事该项工作的人员应能很好地完成该职业的工作任务,要到达职业工作高标准的要求,因此,任何一个职业岗位都有具体的职责要求,需要从业者应具备特定的知识和技能,具体体现在职业对从业者的学历、职业资格、专业技术水平、专业工作年限等具有具体的规定,只有合格者才能从事该职位的相关工作。

4. 群体性特点

职业的产生必然是很多人从事某一种职业才有了具体的职业类型的诞生,只有一个人从事的工作不能成为一种职业。当从事一种岗位的人数达到一定的数量并且为社会所承认时,才能把这种工作,或者岗位称为职业,因此职业具有群体性特点。

5. 差异性特点

世界上有很多种职业,每一种职业都与其他职业有不同的地方,正是这种职业差异,才使得社会分工不同,整个社会能在不同的社会分工中良好运转,不同的职业之间的要求不同也造就了职业人不同的职业性格,表现出各类职业者彼此之间的差异,如实验室研究员缜密、律师沉稳、销售员开朗。

6. 同一性特点

尽管世界上各种职业存在各种差异性,这才导致不同职业的存在,但是一些职业相互之间,如在劳动条件、工作对象、生活环境上可能存在有相同或相近的特点,相同或相近的职业类别之间彼此会有共通语言,更容易互相认可。

7. 发展性特点

职业是动态变化的,它会随着社会经济、科技、文化的快速发展而不断发展,社会经济、科技、文化的快速发展会导致一些职业的消失,同时也会导致一些新的职业产生,因此职业具有发展性,职业的发展总是与社会大环境相适应的。

二、职业生涯

(一)生涯的概念

"生涯"一词在我国很早就出现,《庄子·养生主》中记载"吾生也有涯,而知也无涯","生"即为活着,"涯"指边际、边界。"生涯"就是指人的一生所经历的生活道路。

"生涯"的英文为"Caree",原意有疯狂竞赛的内涵,后引申为道路,指人生发展道路。

美国职业理论专家舒伯(Donald E. Super)认为,生涯是生活中各类实践的方向与历程,是人终其一生所扮演的角色的整个过程。①

霍德(Hood)和班纳茨(Banathy)认为,生涯是个体对职业的选择发展和对非职业性获得的选择与追求以及各种社会交往的参与。

我国台湾学者金树人认为,生涯是个体用与工作相关的经验塑造特殊生活方式的一个不断变化的过程。

综上所述,生涯有以下特点。

(1)生涯是不断选择和创造的。
(2)生涯是连续的。
(2)生涯是终身发展的。
(4)生涯是独特的、有目的的。
(5)生涯是多角色交互的。

个体要想拥有一个充实,有意义的人生,应做好生涯规划。我国台湾学者洪凤仪认为,生涯规划是个体在考虑自身智能、性向、价值观以及阻力、助力的基础上,妥善安排、调整、摆正自己的人生位置,找到自己适得其所的生活方式的发展历程。

个体的生涯规划设计到影响个体身心健康发展与个人生活、社会生活的方方面面,大致分为八个领域(图1-1)。

(二)职业生涯的概念

职业生涯是一个人的终生职业经历,是一个动态的过程。

职业生涯是个体生涯的一个重要的领域,属于上述生涯领域划分总的"工作事业"领域。

每个人都有属于自己的职业生涯,无论在职业岗位中的职位高低、无论进步快慢、无论成功与否,每个人的职业生涯都是独一无二的。职业生涯由多种因素构成,受多种因素的影响,个人、家

---

① 曲振国. 大学生就业指导与职业生涯规划[M]. 北京:清华大学出版社,2015.

庭、社会、国家等各种因素都可能对个体的职业生涯产生影响。

职业生涯具有外职业生涯与内职业生涯之分，前者指个体从事职业的工作的单位、时间、地点、内容、职务、环境、工资待遇等及其变化；后者是指个体从事一项职业所具备的指数、观念、心理、素质、能力、感受等及其变化。外职业生涯与内职业生涯具有不同特征（表1-2）[①]。

图1-1

表1-2 职业生涯分类及其特征

分类	外职业生涯	内职业生涯
特征	不可控性 不等偿性 依赖性	自我实现性 不可剥夺性 转化性

（三）职业生涯相关理论

1. 舒伯的职业生涯阶段理论

舒伯作为职业生涯发展研究领域权威学者，他认为，人的生涯分为成长、探索、建立、维持、衰退五个阶段（表1-3），并提出了

---

① 李明，常素芳，陈学雷等.未雨绸缪——大学生职业生涯规划[M].北京：清华大学出版社，2014.

生活广度、生活空间的生涯发展观,并形成形象的"生涯彩虹图"(图 1-2)。

表 1-3 舒伯生涯发展阶段

阶段	发展期	年龄段（岁）	人生时期
成长阶段	幻想期	0—10	婴幼时期
	兴趣期	11—12	儿童期
	能力期	13—14	青年前期（少年期）
探索阶段	探索期	15—17	青年中期
	过渡期	18—21	青年后期
	尝试期	22—24	
确立阶段	试验—承诺稳定期	25—30	成年前期
	建立期	31—44	成年中期
维持阶段	维持期	45—65	成年后期
衰退阶段	衰退期	65 以上	老年期

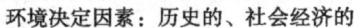

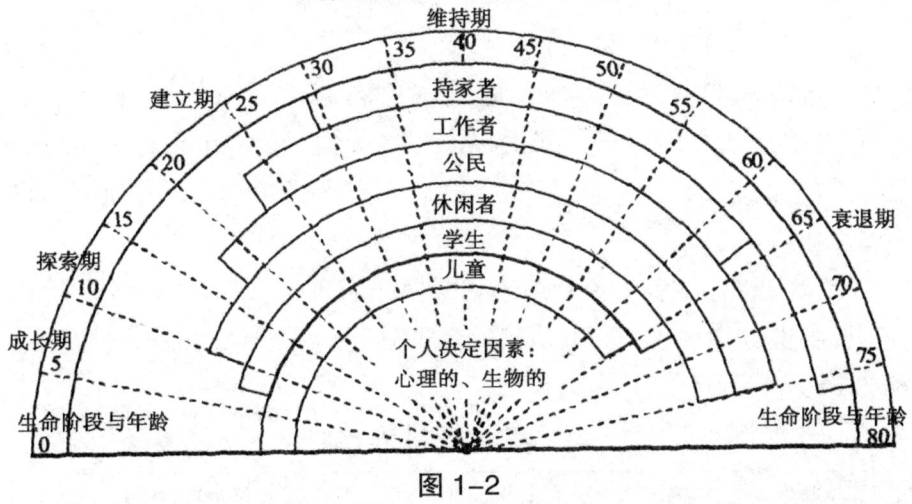

图 1-2

在舒伯的生涯彩虹图中,横向层面代表横跨一生的生活广度;纵向层面代表纵观上下的生活空间。

2. 金斯伯格的职业生涯阶段理论

金斯伯格（Eli Ginzberg）是美国著名职业指导专家,他在

1951年出版的《职业选择》一书中提出了自己对职业生涯的阶段划分看法,将职业生涯(从童年到青年)划分为以下几个阶段。

（1）幻想期：11岁之前的儿童时期。

（2）尝试期：11岁—17岁,少年儿童向青年过渡。

（3）现实期：17岁以后的青年阶段。

3. 帕金森职业生涯选择理论

1909年,美国波士顿大学教授弗兰克·帕金森在《职业选择》一书中提出"人与职业相匹配是职业选择的焦点"的观点,指出每个人都应该结合自身特点选择职业。

帕金森认为,职业指导人员帮助求职者选择职业,具体考虑要素及操作步骤如下。

（1）评价求职者的生理和心理特点。

（2）分析各职业的岗位要求,为求职者提供职业信息。

（3）人—职匹配。

4. 霍兰德的"人格—职业匹配"理论

"人格—职业匹配"理论由美国著名心理学家和职业指导专家霍兰德在1971年提出来的,霍兰德认为,在相同条件下,人和环境的适配性或一致性将增加个体工作满意度、职业稳定性、职业成就感。[①]

霍兰德将人的人格分为六种类型(表1-4),与人格类型相对应,职业也分为六种类型,并指出,个体行为表现是职业环境类型和人格类型相互作用的结果。

表1-4 霍兰德职业类型划分

人格类型	个人特征	适应职业
现实型	身体强壮； 性格粗犷； 实践能力强	制造、渔业、机械、农业、技术、技术贸易、林业、特种工程师和军事工作等

---

① 刘俊贤,白雪杰.大学生职业规划、就业指导与创业教育[M].北京：清华大学出版社,2015.

续表

人格类型	个人特征	适应职业
研究型	聪明好奇； 有创造性和批判性； 喜欢独立工作	科研、学者、社会学家、工程设计师、程序设计员等
艺术型	善于表达； 有直觉力、想象力、创造力、审美能力	作家、艺术家、演员、导演、室内装潢等
社会型	友好随和； 机智、善解人意	教学、社会工作者、宗教、心理咨询和娱乐等
管理型	精力充沛； 有冒险精神； 擅长表达和领导	商业管理、律师、经销、策划、投资、电视制片人和保险代理等
常规型	细心顺从； 有条理、有毅力、有效率	会计、出纳、图书管理员、秘书、计算机操作员等

霍兰德认为，不同的人在职业选择之前首先应了解自己的性格特点与能力水平，了解自己所擅长的工作类型，以最大限度地发挥自我性格与能力特点，来更好地选择能实现自我价值的工作。职业性向类型与职业类型，二者相关性越多、彼此适应程度就越高。

在霍兰德设计的人格—职业类型匹配图（图1-3）中，六种类型的劳动者与六种类型的职业相关联，以连线表示，连线距离越短，人—职相关系数越大，适应程度越高，人—职越匹配，对于个体来说，这就是一个理想的职业。

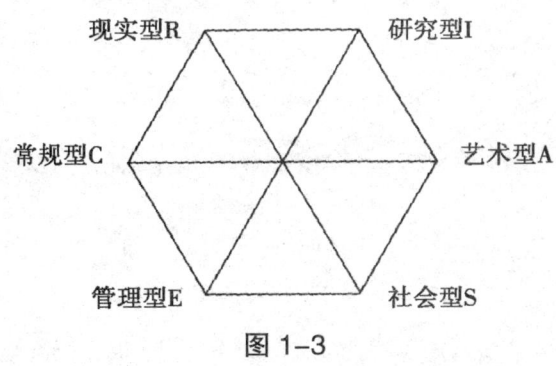

图1-3

当个体实在无法找到最佳理想的人—职匹配时,应选择图1-3 中六角形邻近部门,也就是在人—职匹配中,应尽量做到相宜、相近。

5. 罗伊的职业需要理论

心理学家罗伊(Anne Roe)在20世纪60年代提出人格理论,阐述了遗传因素和儿童时期的经验对未来职业行为的影响。罗伊认为,个体的早年经验会增强或削弱个人高层次的需求,可影响个体择业行为。

罗伊认为,个人的未来职业选择不仅受到遗传因素影响,也会受到早期的父母教育(家庭氛围)的影响。罗伊把父母对孩子的教养大体划分为"温暖"和"冷漠"两个方面,并进一步细分为三种类型、六种情况(图1-4)。

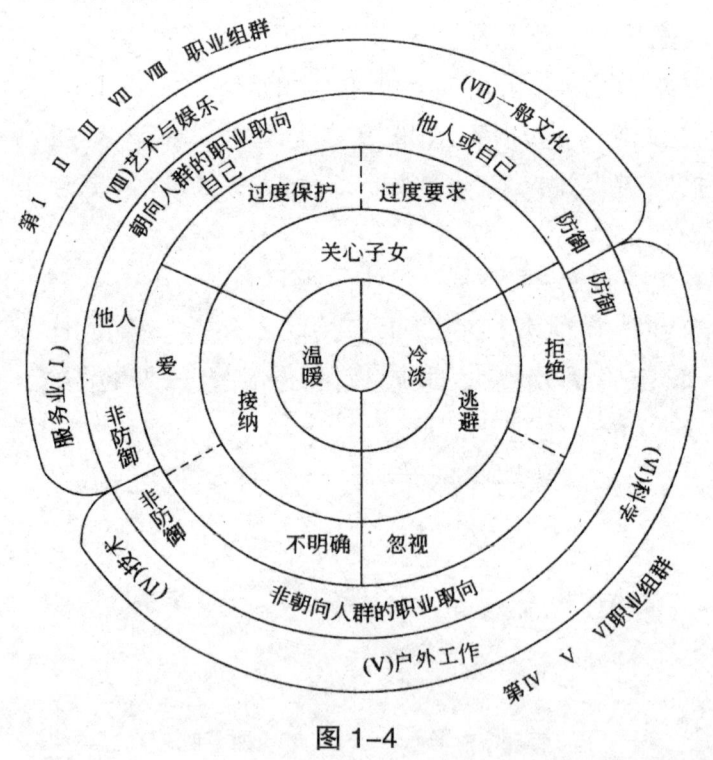

图 1-4

结合图1-4,充分表现出亲子交互反应形态与人际倾向的关系,并就不同类型父母及其教养态度、亲子关系对子女日后的职业选择关系与影响分析如下。

"关心子女型"父母——"关心子女型"中的"过度保护型"父母：毫无保留地满足子女生理需求，但缺乏爱与自尊，子女多表现出人际倾向，且非防御心理机制。"关心子女型"中的"过度要求型"的父母：子女需求在达到父母要求时得到满足，子女会因表现不完美而焦虑，择业时较为困难。

"逃避型"父母——子女需求遭到拒绝或忽视的经验是痛苦的，难有高级需要的满足，日后会害怕与人相处，工作中更愿意靠自己。

"接纳型"父母——亲子关系和谐，家庭氛围民主，子女的各类需求能得到合理满足，日后能独立择业。

6. 施恩的职业锚理论

美国著名职业专家埃德加·H. 施恩的职业锚理论，为个体更好地进行职业定位提供了理论指导。

职业锚是个体对自己态度、价值观与天赋的自我认知。施恩指出，个体的职业生涯是一个不断探索的动态过程，在职业生涯过程中，通过不断探索与总结，个体可以充分了解自己的职业动机、需求、能力、价值观等，并越来越了解自己，并在职业生涯中形成一个属于自己的占主要地位的自我概念，即职业锚。

施恩的职业锚划分有如下几种类型。

（1）技术/职能型：认可自我专业水平，不擅管理，喜欢技术和功能研究。

（2）安全/稳定型：追求稳定，关心财务安全（退休金和退休计划）。

（3）独立/自主型：希望随心所欲地安排自己的工作方式、工作习惯、生活方式。追求可以施展个人能力的工作环境，最大限度地摆脱组织的限制和约束，宁愿放弃提升和发展的机会，也不放弃自由和独立。

（4）管理型：追求晋升，将事业成功作为自我评判标准，希望独立领导一个部门或负责一个项目。

（5）服务型：追求助人所获得的他人认可。

（6）生活型：考虑生活方方面面的平衡，希望平衡个人、家庭、职业的关系，更希望从事有弹性的时间和环境的工作。

（7）挑战型：有探索心，喜欢挑战较难的工作及对手，不愿从事过于容易的工作。

（8）创造型：敢于冒险，希望创建自己的企业、产品、服务。

职业锚是个人和工作相互作用的产物，需要经过多年实践才能发现，职业锚理论可以帮助人们结合实际不断修正自我和工作，并找到自己的"锚"，为之奋斗。

三、职业生涯规划

（一）职业生涯规划的概念

职业生涯规划，又称"职业生涯设计"，简称"职业规划"。

职业规划，具体是指个人根据自身情况及机遇、制约因素，确定职业目标，选择职业道路，确定职业发展计划，明确职业目标和行动方向、行动时间、行动方案的综合性规划。

（二）职业生涯规划的类型

职业生涯规划根据不同的分类依据，可以分成不同的类别。

1. 按照时间维度划分

按照时间维度，职业生涯规划可以划分为四种类型。

（1）短期规划：2年以内的规划，旨在确定近期目标、任务，如熟悉公司运行、融入企业文化。

（2）中期规划：2~5年内的规划，明确在工作中应达到的程度水平，如成为部门经理，完成相应业绩。

（3）长期规划：5~10年的规划，设定职业发展较长远的目标,如 35 岁时成为分公司副总经理、企业上市等。

（4）人生规划：40 年左右的规划,整个职业生涯的设计,设定整个人生的发展目标。

对于个体来说,从业存在许多变数,太短或时间太长的规划都是没有实际意义的,但可以帮助个人的职业生涯确定一个大致方向,日后应结合实际情况适时进行调整（表 1-5）。

表 1-5　职业生涯规划表

姓名		性别	
年龄		学历	
所学专业		职业类别	
部门/学校		职位/职务	
短期规划（2 年内） 1. 人生目标： 2. 职业： 3. 岗位目标： 4. 收入目标： 5. 其他目标： 6. 主要任务： 7. 有利条件： 8. 主要障碍及对策：			
中期规划（2～5 年） 1. 人生目标： 2. 职业： 3. 岗位目标： 4. 收入目标： 5. 其他目标： 6. 主要任务： 7. 有利条件： 8. 主要障碍及对策：			
长期规划（5～10 年） 1. 人生目标： 2. 职业： 3. 岗位目标： 4. 收入目标： 5. 其他目标： 6. 主要任务： 7. 有利条件： 8. 主要障碍及对策：			

续表

人生规划 1. 人生目标： 2. 职业： 3. 岗位目标： 4. 收入目标： 5. 其他目标： 6. 主要任务： 7. 有利条件： 8. 主要障碍及对策：
规划人： 时间：

2. 按照规划主体划分

按照规划主体，职业生涯规划可分为以下两类。

（1）个人职业生涯规划：与个体及家庭息息相关，大学生的个人职业生涯规划是否科学并认真践行，直接关系到大学生进入社会以后的人生发展轨迹。

（2）员工职业生涯规划：与企业发展密切相关，规划内容涉及企业组织机构、企业文化、企业培训、企业营销等，是一个系统的、复杂的、动态的管理过程。

（三）职业生涯规划的要素

职业生涯规划包括五要素：知己、知彼、抉择、目标、行动，它们彼此之间有着密切的关系（图1-5）。

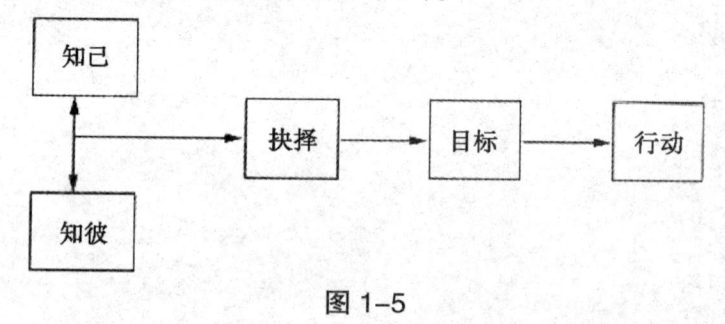

图 1-5

（1）"知己"：个体应有明确的自我认知，了解自我职业条件与能力，并清楚家庭、社会对自己的期望。

（2）"知彼"：职业者应了解工作环境，了解职业发展影响因素，包括职业要求、职业特征、职业发展前景，以及企业环境、市场环境、政策环境等。

（3）"抉择"：在"知己""知彼"的基础上，结合自身及内外环境、条件，选择自己喜欢、擅长，与自我价值观契合、能实现自我价值的职业与岗位。

（4）"目标"：了解自我职业生涯前景，明确努力方向与目标。

（5）"行动"：为职业目标的实现付出实际努力行为。

第二节 职业规划的意义

一、职业规划对个人的意义

（一）明确目标，认清自我

个体进行职业规划是对自己人生负责的表现，也是对家庭负责的表现，科学的职业规划，有助于个体对人生有一个良好的发展预期，有明确的目标并为之努力，可促进个人理想与价值的实现。

个人初入社会，尤其是对大学生来说，经过多年的教育之后踏入社会总会想要实现积极的理想与抱负，那么究竟应该如何更好地适应社会、融入职场，如何从一个学生转变成一个精明的职场从业人员，就需要个体对自己的未来有一个良好的职业规划，这有助于个体明确人生未来的奋斗目标，明确自己的事业究竟应向哪个方向发展，对这些问题的思考可以通过制订职业生涯规划进行系统地思考与规划，并分析自己的实际条件与周围环境，只有明确的目标，才能激励个体去奋斗，去积极创造条件去实现目标，以免荒废青春。

现代社会，生活节奏快，竞争残酷，整个社会环境并不会允许个人去慢慢适应、慢慢成长,个人必须要尽快找准自己的社会定位,职业理想,并迅速适应社会,分析整个职场环境、行业发展前景,并能对自己未来的路做好规划,如此才能最大限度地少走弯路。

(二)把握自己,提升竞争能力

职业生涯规划,是每个人走出象牙塔,进入社会后实现自己的职业理想应做好的职业准备,在职业发展道路上,要获得良好的发展,就必须要有自己的一个适合本阶段和未来发展的合理目标,选择什么样的路,如何走这条路,在前进的道路上,先给自己定下一个合适的高度,然后再通过一步一步的努力朝着目标前进,这样才能始终有前进的方向。

现阶段,整个国际环境和社会环境都处在不断变化的时期,在社会、经济不断发展、变革的新时代,要想在激烈的竞争中脱颖而出,并保持立于不败之地,就必须未雨绸缪,先做好职业生涯规划,对自己的条件、能力和职业发展有了清晰的认识,才能更有针对性地去进行实践,才能更加高效地加快自己成长的速度。

俗话说,"预则立,不预则废",职业生涯规划能有助于个体认真地审视自我未来发展,并系统分析自己喜欢、自己擅长、自己能够从事的职业等各种问题以及这些问题之间的关系,并有助于个体把握机会、把理想与现实努力结合起来,不断提高自己的社会生存能力与职业竞争实力。

(三)发掘潜能,实现个人理想

科学的职业生涯规划是事业成功的基本前提,没有合理的规划,就很难有事业的成功。

对个人而言,职业生涯规划的意义就是找优势、查差距、定目标、抓机遇、促成长等,具体表现如下。

（1）正确认识自身。
（2）分析现有与潜在的资源优势，进行价值定位，并不断增值。
（3）分析比较综合优势与劣势。
（4）树立明确的职业发展目标与职业理想。
（5）评估个人目标与现实差距。
（6）搜索或发现职业机会。
（7）运用科学方法、可行措施，增强竞争力，实现职业目标与理想。

二、职业规划对企业的意义

（一）提高企业生产力

从业者，作为企业或组织内部的劳动力构成，对企业来说，如果员工能有良好的职业规划，肯吃苦，求上进，则对于企业来说，企业的发展离不开每一个员工的努力，员工有发展愿望并付诸努力，是非常有利于企业的发展的。

就企业的生产效率与质量来讲，无论是实物产品、还是虚拟产品，亦或是文化服务，劳动者的职业素质的水平将会直接影响到企业的产品与服务的数量和质量，企业员工的职业素质越高，企业的产品与服务生产率就越高、质量就越好。

（二）增强企业竞争力

企业的竞争力包括各个方面的能力，而企业的人力资源是企业竞争力的最为关键的部分，如果企业的员工都能对自己的职业生涯有一个合理的规划，并能为了自己的职业目标而不断付出努力，这对于员工个人来说有良好的发展和上升机会，对于企业来说，可以增强企业的工作效率，同时，还有助于在整个企业营造一种良好的、积极向上的一种企业文化氛围，从而促进企业的发展与成长，这对于企业来说，有助于增强企业的人力资源竞争优势。

在市场经济中,企业竞争,归根结底就是人才的竞争,企业的人力资源优势提高了,企业就更有可能在市场竞争中获胜。

三、职业规划对社会的意义

(一)减少人力资源浪费

邓小平同志曾指出:"国家、国力的强弱,经济发展后劲的大小,越来越取决于劳动者的素质,取决于知识分子的数量和质量。"

习近平主席强调指出,"发展是第一要务,人才是第一资源",新时代,社会的发展,必须要建立现代人才观,要做到科学培养人才、慧眼识别人才、高效利用人才,如此才能集中人才力量促进社会发展。

个人的发展是需要规划的,有发展目标才能更好地有针对性地付出努力,从而节约时间、精力、金钱成本,最高效地促进自我的发展。

如果一个人没有明确的生活、工作目标,那么个人的优势就得不到充分的发挥,既浪费了个人才华,也浪费了国家对人才培养的投入,个体无法为社会发展做出应有的贡献,个人价值和社会价值都难以实现。

当前知识经济时代,人力资源是企业、社会、地区、国家发展的第一资源,在整个社会的发展过程中,经常会出现一方面社会人才稀缺,另一方面人才难以找到可大刀阔斧施展才华的平台,很多时候,一些企业、组织、部门和人才,共同面临着"用武之地"找不到"英雄"和"英雄无用武之地"的尴尬发展情况。而如果个人能提前做好职业规划,就能在找工作时少走弯路,不走弯路,能更加精准地找到良好的工作平台,可以有效减少人力资源的浪费。

(二)推动科技进步和社会发展

从业者,是社会的重要建设者,人才的发展是与整个社会环境的发展相适应的,只有拥有数以万计的高素质的人才,科技才能进步,国家才能繁荣昌盛,社会才能全面发展。

个体做好职业生涯规划,是对自己负责任的表现,也是作为社会的建设者对社会发展负责任的表现。只有更多的人不断提高自己、更多的人的才能被挖掘和发挥出来,整个社会做到人尽其才、人尽其用,才能促进社会的全面、良好、有序发展。

第三节 职业生涯管理

一、职业生涯管理概述

（一）职业生涯管理的概念

职业生涯管理(Career management)是对个体的职业生涯整个过程进行的管理,管理贯穿个体职业生涯的整个过程,通常,它是现代人力资源管理的重要内容之一。

关于职业生涯管理,有学者从不同角度对其进行了概念描述,我国一些代表观点如下：

（1）职业生涯管理是企业帮助员工制订职业生涯规划和帮助其职业生涯发展的一系列活动(戴良铁、刘颖,2001)。

（2）职业生涯管理指个人和组织对职业历程的规划、决策、设计、发展的促进等一系列活动的总和(廖泉文,2003)。

（3）职业生涯管理是企业结合员工的能力、兴趣、价值观等,确定员工职业生涯目标,通过培训、调岗等一系列措施,帮助员工实现职业生涯目标的过程(欧明臣,2004)。

（4）职业生涯管理是劳动关系存续期间,由组织主导、个人参与、共同实施的,包括职业决策、职业规划、职业策略、职业评估、职业反馈、职业发展等各种活动的总和(刘天祥,2009)。

（5）职业生涯管理是个体主动对工作、学习、生活等相关方面进行的管理。[①]

中国职业规划师协会对职业生涯管理所下的定义为，职业生涯管理是企业帮助员工制定职业生涯规划和促进员工职业生涯发展的一系列活动。职业生涯管理是现代企业人力资源管理的重要内容之一，是一个动态管理过程。

综上所述，可以看出，大多数人对职业生涯管理的概念认知是从员工发展和企业发展相结合的角度来进行的综合化管理，这充分说明了个人职业生涯管理与个体、与企业发展的密切关系。职业生涯管理需要个体和企业组织的共同参与。

（二）职业生涯管理的要点

职业生涯管理需要个人与组织的共同参与。个体与企业组织的发展目标与为目标而努力的措施应是一致的、相匹配的。

要实现职业生涯管理的科学化，就必须在职业生涯管理中寻求个体与组织能共同认同的职业生涯目标、决策、发展措施等，以便于在整个生涯管理过程中做到个人发展与职业发展的相匹配。

如果职业生涯管理中个人、企业组织不能达成共识，彼此发展不匹配，就会出现离职、调岗等行为和措施的出现，更大的变动甚至会波及个人的行业选择的变化。由此可见，职业生涯管理过程中，个人与企业组织需要匹配的重要性。

在职业生涯管理过程中，个体与企业组织二者之间的需求的一致性应是处于动态变化之中的，这是因为，在职业生涯发展过程中，个体与企业组织的发展目标、发展实力、发展条件与环境都时刻在发生着变化。

对于个体来说，初入职场，对行业与职业环境缺乏了解，确定的职业生涯目标往往是比较模糊或抽象的，有时甚至是错误的，

---

① 孙凡. 大学生职业生涯管理能力结构分析与培养策略研究[J]. 知识经济，2019（13）：130.

经过一段时间的职业经验积累和职业思考,个人应就自己的职业发展规划进行调整,自觉总结经验和教训,修正自我认知,评估和调整职业生涯规划。

对于企业组织来说,企业招揽人才,分配具体工作,在员工工作期间对员工进行观察、考核,以发掘员工的职业潜力,提供更匹配员工性格与能力的工作任务,并随着员工在企业内部的成长来调整工作任务与岗位,这是企业人力资源管理必须要做好的工作,如此才能使企业始终人尽其才,人尽其用,最大限度的发挥企业人力资源价值。

职业生涯管理过程中,个人与企业组织二者的发展需要匹配,能促进个人与企业组织二者的共同受益、发展。

有效的职业生涯发展,要求个人、企业组织二者的相互配合,二者的相互匹配过程是随着个人、企业组织的发展而动态发展变化的(图1-6)。

二、职业生涯阶段管理

(一)职业生涯早期管理

就大学生群体来说,从其毕业之后走出校园、进入社会,其职业生涯早期阶段一般是在20—30岁之间,该年龄阶段内,个体与职业是一个相互磨合并在职业发展中找到未来职业长远发展目标的过程。

职业生涯早期阶段还可以细化为两个阶段,第一个阶段为个体进入企业组织前,职业生涯管理以自我职业生涯管理为主;第二个阶段是个体进入组织后,职业生涯管理是个体与企业组织双向管理。

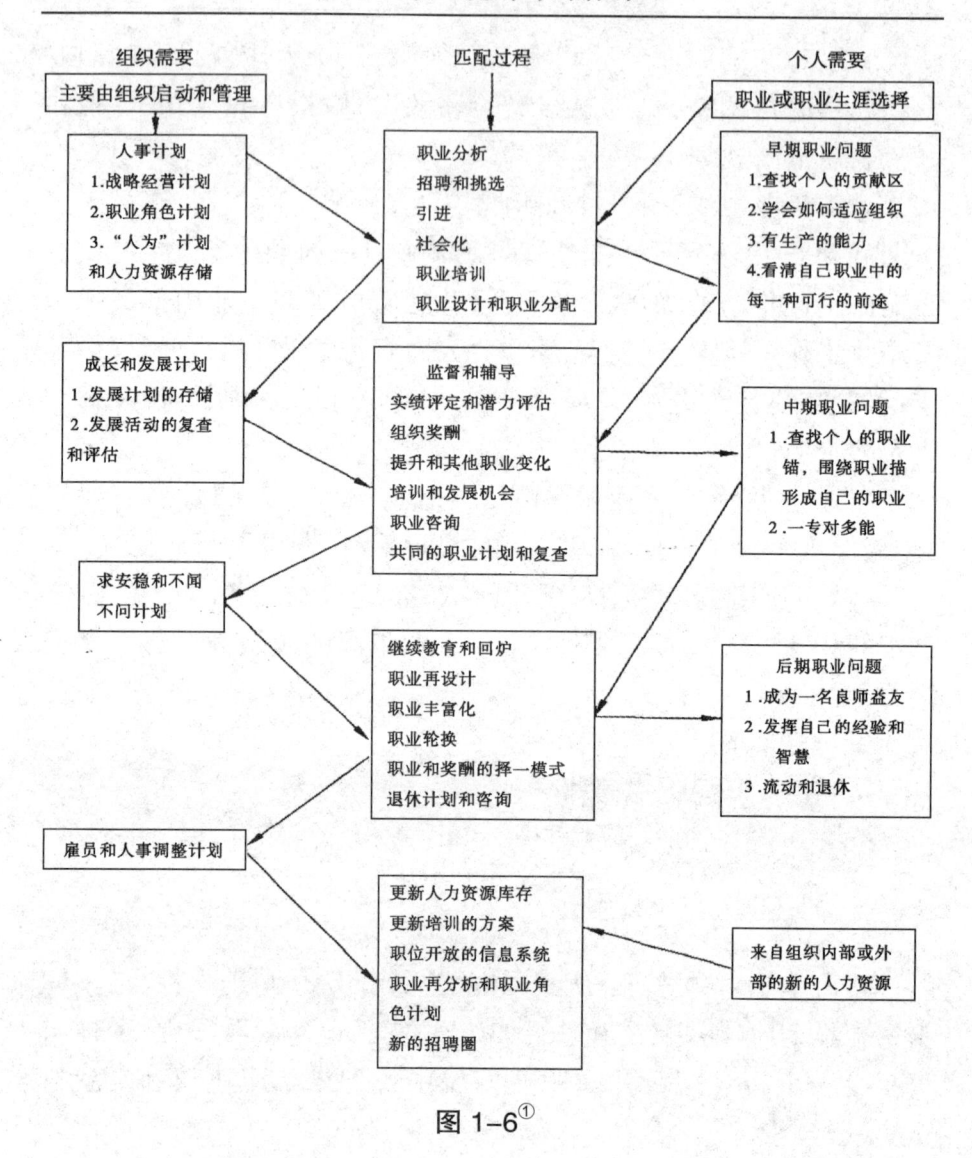

```
组织需要              匹配过程              个人需要
主要由组织启动和管理                      职业或职业生涯选择
```

组织需要	匹配过程	个人需要
人事计划 1.战略经营计划 2.职业角色计划 3."人为"计划 和人力资源存储	职业分析 招聘和挑选 引进 社会化 职业培训 职业设计和职业分配	早期职业问题 1.查找个人的贡献区 2.学会如何适应组织 3.有生产的能力 4.看清自己职业中的每一种可行的前途
成长和发展计划 1.发展计划的存储 2.发展活动的复查和评估	监督和辅导 实绩评定和潜力评估 组织奖酬 提升和其他职业变化 培训和发展机会 职业咨询 共同的职业计划和复查	中期职业问题 1.查找个人的职业锚，围绕职业描形成自己的职业 2.一专对多能
求安稳和不闻不问计划	继续教育和回炉 职业再设计 职业丰富化 职业轮换 职业和奖酬的择一模式 退休计划和咨询	后期职业问题 1.成为一名良师益友 2.发挥自己的经验和智慧 3.流动和退休
雇员和人事调整计划	更新人力资源库存 更新培训的方案 职位开放的信息系统 职业再分析和职业角色计划 新的招聘圈	来自组织内部或外部的新的人力资源

图 1-6[①]

1.职业生涯早期阶段特点

从个人发展的角度来看,个人职业生涯早期表现出以下特点。

（1）积极进取、争强好胜

这一时期,个体的职业体验具有极端体验性。

一方面,初入职场的职场新人往往具有很强的上进心,他们

---

① 石建勋.职业生涯规划与管理[M].北京：清华大学出版社,2017.

渴望通过职业来实现自我价值,因此不断上进,力求发展。

另一方面,由于缺乏工作经验和社会阅历,个体在职业发展中表现为缺少对自己不足与缺点的认识,年轻气盛、自以为是、对现状认识不清等,会使个体的工作出现很多失误,这一时期,也是职场新人遭遇现实打击最严重的一个时期。

(2)调整目标、砥砺前行

职业生涯管理前期,个体在积累了一段时间的工作经验之后,与工作岗位慢慢磨合适应,并能在工作过程中不断积累经验,最终找到自己的长远的职业发展目标,并能不断学习、提升自己,以不断增强职业发展自信、提高职业竞争力,实现职业理想。

(3)处理家庭责任与职业发展之间的关系

职业生涯早期阶段,个人正处于进入组建家庭,养育子女的一个人生时期,这一时期,个体也面临着如何处理好自我职业发展与家庭责任承担之间的关系,如果处理不好这个关系,将会影响到个体的职业长远发展和家庭幸福。

2. 职业生涯早期管理常见问题与问题处理

(1)现实冲击、职业挫折

对于刚进入社会参加工作的人来说,很多人都会发现,自己现实生活中的职场生活与想象中的职场生活存在很多差异,而且会遇到很多职业发展挫折,这些问题处理不好很容易使个体自我怀疑,自我崩溃,或怨天尤人,进而会影响到自我职业的进一步发展。

个体初入职场可能遭受的现实冲击与职业挫折是多方面的,具体如职业人不匹配、人际关系不佳、才能得不到发挥、工作强度与薪资问题等。

针对以上问题,个体在进入职业生涯之前,应做好思想准备和能力准备。首先,要对职场中由于主客观因素可能会遇到的各种问题有一个思想准备,树立积极的意向和正确的价值观;其次,要充分了解、接受企业组织的文化、环境;最后,正确、客观、理性分析自己所选择的职业与企业组织对自身发展之间的关系，并能做出科学决策，并不断提升自己的从业技术与能力。

（2）同事隔阂、不被重用

任何人到一个新的环境当中都要面临着新的人际关系，同时，新员工对企业组织和同事不熟悉，企业组织及老员工对新同事不熟悉，彼此之间都有一个相互熟悉、相互适应的过程。经过一段时间的磨合之后，彼此才能相互适应，并成为一个团体。

面对同事间人际关系不和谐，有代沟、有偏见，新人不被公司重用的问题，应在进入工作岗位时，努力去熟悉工作环境，并注重自我良好形象的建立，形成良好的第一形象，同时，尽快熟悉工作，明确岗位责任，熟悉组织的文化、制度和发展策略等，争取出色地完成工作任务，注意交往技巧，从小事做起，树立良好的职业形象，寻找个人在组织中的位置，建立心理认同，摆正心态，用积极乐观的态度来解决问题，制订目标并通过一个个目标的完成来不断地提高自我，逐渐融入集体。

（二）职业生涯中期管理

职业生涯中期阶段一般是指个体在30—50岁的年龄阶段所经历的职业生涯阶段，这一阶段是人生中非常漫长和重要的一个时期，具有该阶段所特有的职业特点与问题。

1. 职业生涯中期阶段的特点

（1）职业发展轨迹呈倒"U"型

职业生涯中期时间较长，整个职业生涯的发展是复杂的，有不少人会经历职业生涯的大起大落，但一般来说，大多数人的职业生涯发展轨迹会呈倒出"U"型，具体来说，职业生涯发展中期的初始阶段，职业发展由低到高逐步上升，职业生涯中期可出现职业顶峰，之后，职业会呈现下降趋势。事业成功的人职业发展曲线顶峰平而长；事业成功短暂的人职业发展曲线顶峰峰尖；事业平平的人职业发展曲线低而平缓。

（2）承担职业生涯发展与家庭的双重责任

职业生涯发展中期，个体的人生也正处于一个非常重要的时期，从生理发展来看，人由青壮年时期向中老年时期过度，由精力旺盛到逐渐衰弱；从家庭责任来看，由组建家庭到生育、培养子女，直至子女成家立业，是需要付出巨大心力的时期。

职业生涯中期阶段，职业发展任务繁重。30岁左右，人的精力旺盛，职业处于上升发展时期；40岁左右，职业发展将到达顶峰，如果职业发展没有达到顶点，还在不断地努力，那么精力可能会跟不上。在家庭方面，很多人承担着养家糊口的责任，不仅要处理与配偶之间的关系，还要处理与子女之间的关系，并在养育子女、教育子女过程中付出巨大的心力，这对于个体的精力消耗是很大的。

现代社会，生活节奏快，工作压力大，很多人在繁忙的工作之后，还要做家务，照顾孩子的学习和生活，面对职业发展中的瓶颈又需要挤出时间加班、培训、提升自己，职业与家庭的双重责任，可令个体出现各种应激与不适，尤其是在特殊事件发生时，如子女生病、父母生病、夫妻一方出差等，整个生活节奏都将被打乱。

（3）职业认同感遭受到冲击

人至中年，进入职业生涯中期，职业发展与生活追求之间的矛盾可能激化，个体与子女之间、与配偶之间、与父母之间，各种生活的矛盾与职业发展进入瓶颈期的不满和对择业初衷的疑惑，都会给中年人的职业生涯发展带来一定的影响。一部分人会对自己的工作进行重新评估。

随年龄的增长，中年人的职业机会越来越受到限制，职业焦虑就会在这一时期出现。一方面，受金字塔式的职位结构存在的影响，个人的职业生涯发展越向上路越窄，职位越少，一些人的认同要素和需要不能得到满足；另一方面，去寻找新的职业又很难有再次重新尝试的时间成本。上述情况很容易使个体产生焦虑。

2. 职业生涯中期管理常见问题与问题处理

职业生涯中期管理经常会出现一些问题，突出表现在会面临一些，如对自己的前途产生怀疑、工作热情下降、职位上升危机、年龄恐慌、健康状况下降、来自信任的冲击等。

在职业生涯中期面临职业危机，从业者必须重视，该阶段常见职业问题与危机应对与处理分析如下。

首先，重新进行自我认识，经过一段时间的工作积累之后，从业者往往会对自己的工作环境、条件、特点与能力有了更深层次的了解，通过自己的了解重新自我审视，以便于调整职业生涯规划，重新明确职业发展目标。这个过程与第一次职业生涯规划时的自我认识有所不同，该阶段的自我认知是建立在丰富的职业活动实践经验基础上的。从业者应基于自己的中年期感受重新探索自己的兴趣、人格、能力和价值观，通过与企业组织成员、家人、朋友或职业顾问探讨，来明确职业发展方向与目标。

其次，重新选择职业与职业角色，要有再出发的资本和勇气。受各种因素的影响，人在踏入职场之后，很难在一个行业或者一个岗位上一直从业到退休，职业生涯过程中会有不断的方向和目标的调整，在经历了较长时间的职业工作，也可能会面临着新的职业角色选择，这时，就必须重新审视自身的生活目标和价值观，如果企业组织缺乏合适的机会和岗位，而个人又有能力，就可以考虑寻找新的职业发展机会。新的职业机会选择要求个体做好技术与能力的准备，并有能应对可能选择失误的试错成本，如此才能在职场中重新出发，度过职业发展瓶颈和焦虑期。

最后，协调好家庭、工作和生物生命三个周期的关系。对于中年人来说，在面对家庭责任、工作任务时，两方面压力都很大，很难做到兼顾，而生理方面，生命的各方面从精壮走向衰退是一个不可逆转的趋势，这就要求个体应在家庭、工作、生理适应方面寻找到一个平衡点，在职业生涯发展决策中，要懂得"鱼与熊掌不可兼得"。根据自我评估和再认识后的需求，综合考虑各方面的因素。

（三）职业生涯后期管理

职业生涯后期，一般是指个体退休前的 5~10 年，这一阶段，从业者的生理和心理方面都已经进入了一个疲惫期，一生的职业经验积累和能力积累下，个体的职业发展已经在度过顶峰之后开始呈现出下降的趋势。

职业生涯后期的职业发展呈现出以下特点。

（1）自我意识产生，怀旧心重，安于现状

中老年时期，受生理因素影响，奋斗了一生，很多职场人开始关注自我的生理健康发展和心理需求，开始怀念过去的青春岁月，这也正是由于个体的能力、精力、身体状况开始退化所导致的心理，一方面怀念年轻时的自己，考虑当时各方面能力都处于较高水平，如果进行了正确的职业选择定会有一番成就，另一方面，身心各方面的能力的下降又使得个体进取心逐渐丧失，安于现状。

（2）职业角色发生转变

职业生涯后期阶段，临近退休，身心各方面能力导致很少一部分人能继续在企业组织中担任重要的位置，这些位置和相关工作逐渐移交给年轻人，个体的职业能力和竞争能力逐渐减弱甚至消失，但在知识技能、组织文化、人际关系处理能力等方面存在优势，个体在职业生涯中的角色发生转变，从中流砥柱转向铺路人、启明灯。

（3）对家庭的依赖增强

就我国现状来看，很多人职业生涯晚期，在职业角色转变上会有失落感，在家庭中由于子女相继成人、独立、成家立业可导致从业者成为空巢老人，职业和家庭的环境变化可导致个体的不自信、孤僻，同时这一时期的老年人也容易受到一些疾病的困扰，渴望受到关注和关怀。

2. 职业生涯晚期管理常见问题与问题处理

（1）疾病增多

随着年龄的增长，个体的生理能力与功能都在不同程度的减退，身体健康没有保障，受健康因素的影响，在职业方面不会有更大提升。

中老年时期，应加强身体锻炼，重视自我身心状况的变化与调整，争取能缓解生理方面的衰老，同时重视在工作之余从事一些自己喜欢的事情，使身心处于健康的状态。

（2）不安全感增强

整个职业生涯中，个体的身心经历全部投入职业发展，尤其是在职业生涯中期会牺牲家庭和自我休息时间，职业生涯后期，个体会产生经济上和心理上的不安全感。首先，退休之后，经济收入会减少，但社会消费水平却在持续提高；其次，人至暮年，害怕被子女、社会和家庭冷落，一些老人晚年丧偶也会增添孤独无助感。

针对内心失落与主客观的不安全，应提前为退休生活做好准备，如决定何时退休，退休后该如何过上充实、满意的生活等。做好退休前的思想准备工作，培养个人兴趣，策划退休后的个人生活，积极从业余爱好、社交、家庭、社区活动等角度获取满足。

（3）角色转变与心理调适

受生理机能退化影响，如记忆力、学习能力、适应能力等，老年员工在生产率、工作效率、工作热情及进取心、适应能力等方面普遍会被认为都不行了，老年人的职业工作能力遭到了怀疑，老年人可能因为工作效率下降而成为企业组织包袱，这一时期，保持良好工作效率、工作竞争力是非常重要的。

一些人始终认为，重要地位应由经验丰富、熟悉历史、能力较强的人来担任，而年轻人可能年少有为，但经验少、浮躁、难委重任，但应该从思想上认识和接受新人的成长及其权力的提升，做好角色转变工作，充当老师或师傅来培育新人，做好相应的接班人培养工作。

第四节　大学生自我认知与职业发展

一、大学生自我认知

自我认知,又称"自我意识",是个体对自己存在的觉察,包括对自己的行为和心理状态的认知。

一般意义上的自我认知,包括三个层面的自我认知,一是自己身体状态的认识,即物质自我认知;二是对自己心理状态的认识,即精神自我认知;三是对自己社会性状态的认识,即社会自我认知。

心理学上的自我认知可以分为自我觉察、自我认识、自我分析、自我评价等。[①]

二、大学生的自我认知与职业发展

(一)自我兴趣认知与职业发展

1. 兴趣的概念

兴趣是指人力求认识和趋向某种事物并与肯定情绪相联系的个性心理倾向。兴趣是活动的重要动力,是成功的重要条件。

大学生了解自己的兴趣,对正确选择自己喜欢的职业有重要作用,个体只有选择自己感兴趣的职业,才能更主动去学习掌握与该职业相关的知识、技能、能力,才能长远地从事该职业。

[①] 贺杰,朱光辉.大学生职业生涯发展规划与就业指导[M].南京:东南大学出版社,2008.

2. 兴趣的特点

（1）指向性

兴趣是个体行为产生的重要内在驱动力，对个体从事何种活动与参与何种事件具有内心和行为的指向性。

个体兴趣的指向性是建立在个体生理和心理满足需求的基础之上的，同时，人们在各种需要满足的基础上又会产生新的需要，这会丰富兴趣的指向。

（2）情绪性

心理学研究表明，个体的兴趣的产生是具有一定的情绪的，如个体从事感兴趣的活动时，总会感到愉快、满意；如果一个人做他没有兴趣的工作时，总觉得很枯燥、乏味。对于大学生来说，选择自己感兴趣的工作可以让个体的心理得到满足，令个体感到快乐。

（3）动力性

兴趣是个体参与活动的动力基础，心理学家和教育家潘菽认为"兴趣是学习动机中最现实、最活跃的成分"。皮亚杰指出，"兴趣是能量的调节者"。如果个体从事的是自己不感兴趣的工作，则很难有较高的工作积极性。

3. 兴趣对职业发展的影响

（1）兴趣是职业生涯选择的重要依据。大学生在做职业规划时应更倾向于选择自己感兴趣的职业。

（2）兴趣可以提高工作效率，充分发挥才能。当一个人对某种职业发生兴趣时，就能调动整个身心的积极性，能增强工作中克服各种困难的意志。研究表明，个体从事自己感兴趣的职业，可发挥个体全部才能的80%～90%；个人对所从事工作没有兴趣，则只能发挥全部才能的20%～30%。

（3）兴趣是保证职业稳定性的重要因素。个体从事自己喜欢的职业，可坚持从业的长期性与稳定性，并且会主动向职业更高的职位与能力挑战，不会轻言放弃而转岗、转业。

第一章 职业规划理论概述

4. 兴趣与职业的匹配

根据加拿大职业分类,可将职业兴趣分为 10 个类型,不同兴趣的人具有其最匹配的各类职业(表 1-6)。

表 1-6 加拿大职业分类词典中的职业兴趣类型及匹配职业

职业兴趣类型	匹配的职业
喜欢与事物打交道	制图员、建筑工、出纳、记账员、会计等
喜欢与人接触	记者、营业员、服务员、推销员、教师等
喜欢工作有规律	图书馆管理员、档案管理员、统计员等
喜欢助人	医生、律师、护士、咨询人员等
喜欢领导和组织	辅导员、行政人员、管理人员等
喜欢研究人的行为	心理学、政治学、人类学、人事管理等
喜欢科学技术	学科研究及相关工作等
喜欢创造	演员、设计人员、社会调查、经济分析等
喜欢操纵机器	机床工、驾驶员、飞行员、建筑人员等
喜欢事无巨细	厨师、园林工、理发师、美容师、室内装饰工等

美国职业指导专家约翰·L.霍兰德(J.Holland)的职业兴趣类型与职业的匹配理论中,将人的职业兴趣分为 6 种类型,不同职业兴趣匹配不同职业(表 1-7)。

表 1-7 霍兰德的职业兴趣类型与职业的匹配[1]

兴趣类型	匹配的职业
现实型(Realistic)	工程师、技师、一般劳工、工匠、农夫、机械员、货车司机、摄影师、制图员、维修工等
研究型(Investigative)	心理学家、工程师、学者、科学研究人员等
艺术型(Artistic)	艺人、诗人、艺术家、导演、剧作家、设计师、主持人等
社会型(Social)	教师、行政人员、传教士、咨询人员、公关人员、服务人员等
企业型(Enterprising)	推销员、企业领导、政府官员、销售人员、律师等
常规型(Conventional)	编辑、秘书、会计、文员、出纳、图书管理人员等

---

[1] 季跃东.大学生职业发展与就业指导[M].北京:科学出版社,2008.

（二）自我能力认知与职业发展

1. 能力的概念

这里所说的能力，具体是指个体顺利完成某种活动所必备的心理特征、身体特征、技能特征、活动实施等的综合水平。

个体能力水平的高低将直接影响个体参与具体的某一项活动的效率，个体具备良好的活动能力是其顺利参与和完成活动任务的重要内在因素。

大学生应正确分析自己的职业能力特点，了解职业对人的能力要求，明确自己职业能力的优势、劣势，扬长避短，科学择业。

2. 能力的分类

根据不同的角度，可以将能力分为不同的种类，具体分类参考表1-8。

表1-8　个体能力划分

分类标准	分类
根据能力的获得方式	能力倾向：包括学习能力、语言能力、数学能力、空间能力、知觉能力、运动能力等
	技能：包括专业知识技能、自我管理技能、通用技能
根据能力认知对象	认知能力
	操作能力
	社交能力
根据能力的产生方式	模仿能力
	创造能力
根据能力发展趋势及能力和先天禀赋与后天环境因素的关系	流体能力：指在信息加工和问题解决过程中表现出来的能力
	晶体能力：指获得语言、数学知识的能力，与社会文化有密切的关系

3. 能力对职业的影响

（1）能力影响个人选择从事何种工作。大学生选择哪个行业，由多种因素决定,其中,能力是大学生进入到具体职业岗位的最重要的决定性因素,如果一个人不具备这个职业所要求达到的能力,那么就不会有进入该职业岗位的机会。

(2)能力的类型影响工作的性质、内容和环境:不同能力类型的人适合不同的职业,不同职业和岗位对人的能力要求也不一样。大学生在职业生涯规划时,应充分考虑个人的最佳能力或能力群,选择最能充分发挥自我能力优势的职业。

(3)能力水平影响职业层次相匹配:同一类型的职业由于工作方向、职责大小等差异,会分为不同层次(基层、中级、高级),每一层级对从业者的能力要求不同,大学生应结合自己能力水平旋转合适的职业层次,并不断提高自己的职业能力水平,争取向更高层次的职业岗位发展。

(4)能力影响个人的工作质量与成就感。个体的职业生涯中,从业者的能力的高低会直接影响其工作任务完成得多少、工作效率的高低、工作质量完成的好坏。如果达成了职业目标,则个体会被同事和领导认为是非常有能力的,个人也会因工作的完成而获得自豪、骄傲;如果不能胜任工作,则会产生焦虑、羞愧。当个体的工作能力与职业要求匹配时,可令个人产生成就感。同时,职业中所获得的成就感又反过来促进个体的工作热情与潜力的挖掘,可进一步促进个体的工作能力的提升。

4. 个体能力的自我评估与职业发展

无论是择业,还是已经进入工作岗位,大学生初入职场,必须充分了解自己的职业能力水平的高低,了解到自己的职业能力与职业所要求的个人工作能力还存在哪些出入,如此便能够明确自己应该努力的方向,以能够更好地胜任工作,并不断提升能力,挑战更难的工作。

迟永吉在分析大学生职业能力时,将大学生的职业能力分为四个部分,将职业能力评估分为 5 个等级,1 代表优秀,5 代表差。大学生可以结合职业评估量表了解自我职业能力水平并有针对性提高(表1-9)。

表1-9 能力评估量表[①]

评估维度		评估等级				
		优秀	较好	一般	较差	差
思维/认识能力	逻辑思维能力	1	2	3	4	5
	综合分析能力	1	2	3	4	5
	判断能力	1	2	3	4	5
	数据分析能力	1	2	3	4	5
	空间思维能力	1	2	3	4	5
知识与技能	专业知识	1	2	5	4	5
	基础知识	1	2	3	4	5
	商业知识	1	2	3	4	5
	社会知识	1	2	3	4	5
	研发能力	1	2	3	4	5
	动手能力	1	2	3	4	5
	交际能力	1	2	3	4	5
	表达能力	1	2	3	4	5
	合作能力	1	2	3	4	5
	领导能力	1	2	3	4	5
	创新能力	1	2	3	4	5
	学习能力	1	2	3	4	5
	信息搜集能力	1	2	3	4	5
	技术应用能力	1	2	3	4	5
	解决问题能力	1	2	3	4	5
	压力管理能力	1	2	3	4	5
学习/工作效率	学习/办事的条理性	1	2	3	4	5
	时间管理的有效性	1	2	3	4	5
	学习/工作效率与效果	1	2	3	4	5

[①] 迟永吉等.大学生职业生涯规划与发展[M].北京：高等教育出版社,2009.

续表

评估维度		评估等级				
		优秀	较好	一般	较差	差
个人发展	自信	1	2	3	4	5
	自律	1	2	3	4	5
	自立	1	2	3	4	5
	责任	1	2	3	4	5
	诚信	1	2	3	4	5
	了解自己	1	2	3	4	5
	渴望继续学习	1	2	3	4	5

（三）自我性格认知与职业发展

1. 性格的概念

性格是个人对现实的稳定态度以及与之相适应的行为方式中表现出的人格心理特征。性格并非天生的，与后天的家庭、教育、社会环境等有非常密切的关系。

2. 性格的类型

一般来说，可以将个体的性格分为以下三种类型。

（1）外倾型性格：追求刺激，敢于冒险；随和、乐观，但也容易冲动；喜欢变化、善于交际、不喜自处。

（2）内倾型性格：善于计划，三思而后行，严格控制自己感情，很少有攻击行为；内省，生活有规律；对人有距离感；安静，不喜交际。

（3）中间型性格：介于外倾型、内倾型两者之间。

3. 性格与职业的关系

（1）性格决定了所从事的职业类型。每一种工作都对从业者的性格有特定要求，大学生择业应选择与自觉性格相匹配的职业，尽量选择适合自己性格的工作。大学生尽量不要选择与自己性格出入较大的工作，否则就很容易在工作中出现较大心理冲突,会不适应。

（2）进行职业生涯规划时,大学生择业和进行职业规划,一定要考虑自己性格特点同职业本身性质、规矩的适应关系。大学生要对自己的性格有充分的了解,尽量从事能发挥性格优势的工作。

（3）职业对性格具有反作用。职业对从业者的性格要求,对从业者的性格塑造具有非常重要的促进作用,通过科学择业,可以促进自己性格发展的完善,大学生择业和工作过程中,应注重通过工作锻炼自己,积极提高自己性格中的积极方面,改正自己性格的消极方面,完善性格。

4. 职业性格类型与职业的匹配

一般来说,通过性格测试,可以帮助大学生了解自己的性格属于哪种类型,并结合自己的性格科学选择职业。这里简单介绍卡特尔 16PF 测验和 MBTI 性格测试。

（1）卡特尔 16PF 测验

16PF 测验由美国伊利诺伊州立大学教授卡特尔编制。卡特尔研究确定了 16 种人格特质:合群性（A）、聪慧性（B）、稳定性（C）、恃强性（E）、兴奋性（F）、有恒性（G）、敢为性（H）、敏感性（I）、怀疑性（L）、幻想性（M）、世故性（N）、忧虑性（O）、实验性（Q1）、独立性（Q2）、自律性（Q3）、紧张性（Q4）。并据此编制了测验量表。个体通过量表测量可以了解自己的性格特征。

（2）MBTI 性格测试

MBTI 全称 Myers-Briggs Type Indicator,是一种应用广泛的性格评估工具,它以瑞士心理学家卡尔·荣格（Carl Jung）的性格理论为基础,由美国 Katherine C.Briggs 和 Isabel Briggs Myers 共同研究提出。

MBTI 性格测试理论将人的性格分为四组维度,即内倾（I）—外倾（E）、感觉（S）—直觉（N）、思维（T）—情感（F）和知觉（P）—判断（J）。每组维度又有两个方向,由此组成 16 种不同的性格类型。

MBTI性格测试理论指出,一个人的MBTI性格类型是由遗传、成长环境共同决定的,一旦形成,很难改变。

(四)自我价值观认知与职业发展

1. 价值观的概念

价值观是指一个人对周围的客观事物的意义、重要性的总体评价和总体看法。简单来说,价值观是个体关于基本价值的信念、信仰、理想系统。

2. 价值观的分类

(1)奥尔波特的价值观分类

苏联心理学家奥尔波特(G.W.Allport)将人的价值观分为六种(Allport,1931),如表1-10所示。

表1-10 奥尔波特的六种价值观[①]

类型	价值观特点
经济型	强调有效和实用
理论型	重视以批判和理性的方法寻求真理
审美型	重视外形与和谐匀称的价值
社会型	强调对人的热爱
政治型	重视拥有权力和影响力
宗教型	关心对宇宙的理解和体验的融合

(2)格雷夫斯价值观的七个等级类型

格雷夫斯(C.W.Graves,1970)将人的价值观划分为七个等级类型,如表1-11所示。

---

① 肖利哲等.大学生职业生涯规划理论与设计[M].北京:科学出版社,2011.

表 1-11　格雷夫斯价值观的七个等级类型

级别	类型	价值观特点
第一级	反应型	照自己生理需做出反应，不顾其他任何条件。
第二级	部落型	依赖成性，服从于传统习惯和权势
第三级	自我中心型	信仰冷酷的个人主义，自私，爱挑衅，服从于权力
第四级	坚持己见型	不能容忍模棱两可，难以接受不同的价值观
第五级	玩弄权术型	为达目的不择手段，非常现实，热衷争权夺利
第六级	社交中心型	把被人喜爱和与人善处看得重于自己的发展，善于迎合
第七级	存在主义型	能高度容忍模糊不清的意见和不同观点，敢于直言

3. 价值观与职业的关系

（1）价值观决定职业选择。不同的人的经历不同、家庭环境不同、接受的教育不同，会产生不同的价值观，面对一些取舍，当事人所作出的选择原因就是价值观，职业的选择也是如此。

（2）不同职业满足不同价值需求。不同的职业可以满足不同价值需求，比如科学家可以满足社会地位、自主、挑战等需求，但不能满足权力、休闲等价值需求；自由职业者能满足自由、自我成就等价值需求，但不能满足安定、经济稳定等价值需求。这里必须要指出的是，大学生在择业时应端正自己的价值观，选择更倾向于能满足自己所追求生活的职业。

4. 职业价值观的分类及职业的匹配

经大量调查研究，我国一些职业专家提出了九类职业价值观，并指出了与之相匹配的各职业类型（表 1-12）。

表 1-12　职业价值观的分类及职业的匹配

职业价值观类型	匹配的职业
自由型（非工资生活者型）	摄影师、作曲家、编剧、雕刻家、漫画家等艺术性职业
小康型	会计、出纳、统计员、速记员、税务员、核算员、打字员、办公室职员、秘书等
支配型（权力型）	推销员、进货员、商品批发员、宣传员、调度员、律师、政治家、零售商等

第一章　职业规划理论概述

续表

职业价值观类型	匹配的职业
自我实现型	学科专家学者、报刊编辑、实验员、科研人员等
志愿型	社会学家、导游、服务人员、社会工作者、教师、护士等
技术型	农民、木匠、工程师、自动化技师、机械工、电工、司机、机械制图等
经济型（经理型）	各种职业中都有这种类型的人，尤其是商人
合作型	公关人员、推销人员、秘书等
享受型	无固定职业岗位

第二章　大学生职业规划

大学生科学职业规划对于大学生的人生发展具有重要影响和促进意义。科学的职业规划能为大学生认真分析当前就业形势,提高就业技能,树立正确的就业观,关注自身的全面发展与终身发展,并理性规划自己的未来的发展,为更好地实现个人价值与社会价值,努力、积极、自觉提高就业、创业能力奠定良好的基础,同时,也有助于最大限度地降低就业、创业风险,减少就业、创业成本投入,对于大学生更加高效地就业、创业具有重要指导作用。本章重点就大学生科学职业规划过程进行系统解析,以激发大学生的职业生涯发展自主意识、提高大学生理性规划自身未来发展的能力。

第一节　大学生职业规划目标制订

一、职业规划目标概述

(一)目标

目标是指组织或个人对参与的活动未来所期望达到的一个成果或结果。明确的目标可以让个人和组织对未来的努力有明确的方向,并可结合目标有针对性地制订相关的措施,来积极行动并争取目标的达成。

目标明确可以使人清楚要做什么、怎么做、付出多大努力,目标的实现并非只受任务本身的影响,还受目标承诺、自我效能感、目标反馈、目标实现策略等的影响。

目标承诺——目标对个体的吸引力,合理的目标可产生激励作用。

自我效能感——个体对自己处理问题能力的评估,个体对某目标自我效能感强,则目标承诺会增加,付出努力也会增加。

目标反馈——通过努力,反馈行为者目标的完成情况,哪些方面完成得好,哪些方面有待改善,可为下次更高效地达成目标提供经验参考。

目标实现策略——目标确定后,应确定实现目标应采取的措施,正确的措施制订可有事倍功半的效果。

(二)职业规划目标

职业规划目标,是指个体渴望获得的与职业相关的结果。它是关于个体职业发展的一个目标,对于个体想要在职业发展中达到一个什么样的水平有密切关系,关于职业规划目标,可以从以下几个方面进行深入解析。

(1)职业规划概念性目标,具体是指职业规划的哲学意义上的目标,它与具体工作、职位无关,是个体兴趣、价值观、生活方式的体现。

(2)职业规划操作性目标,是对概念性目标的具体工作或岗位转换,操作性目标是达到根本的概念性目标的一个媒介。

(3)职业规划的短期和长期目标,一般来说,短期目标通常为1~3年,长期目标为5~7年或更久。

以人力资源职业为例,个体的不同职业目标对比分析见表2-1。

表 2-1 职业生涯目标举例

职业目标	短期目标	长期目标
概念目标	担当更多管理职责;与经理有更多互动	参与人力资源规划活动;参与公司长期规划、政策制订和执行
操作性目标	2~3年内成为人力资源经理	6~8年内成为公司人力资源主管

二、大学生制订职业规划目标的意义

(一)人生导向作用

大学生制订职业规划目标,对于自我的职业生涯发展有一个大致的了解,并明确自己期望达成的方向和水平,能为大学生的未来职业发展起到指导作用。

对于大学生来说,十几年的求学路,长期以来只要学好各个学科,掌握更多知识就能在求学路上不被抛弃,离开象牙塔,进入社会之后,社会对大学生来说是一个全新的世界,为大学生的发展提供了更加广泛的发展空间,而且在社会环境中不再有老师带领着一步步向前,人生未来发展的道路需要大学生自己去探索,这就需要大学生必须明确自己想要获得什么样的人生、向往哪种生活、取得哪些成就,大学生必须为自己的未来发展制订目标,并朝着目标努力。

大学生实现个人理想,通过职业发展获得成功是非常重要的一个途径,不需要工作就能获得成功人生的例子几乎没有。因此,大学生有必要为制订职业目标做好各种准备,如果职业目标选错了,会浪费许多时间、精力和金钱。

(二)明确职业重点

大学生科学制订职业规划目标,需要大学生对自己的职业发展进行各方面信息的收集、整理、分析,然后才能制订出切实可行的目标,大学生对于自己职业发展的分析,有助于大学生了解自己未来职业发展道路上可能面临的困难,以及当下最应该解决的问题有哪些。这对于大学生集中精力和时间去解决最重要的问题,更大程度地解决人力成本和时间成本具有非常重要的作用。

(三)实现个人成就

一个人的职业发展目标与其人生成就具有非常密切的关系。

调查研究,在背景和条件相当的人中,有明确自我职业规划的人能获得更好的职业发展。有一项调查显示,一群美国哈佛大学毕业的"天之骄子"中,在毕业前夕经调查,有3%的人有明晰长远的目标,有10%的人有长远人生目标;有60%的人目标不确定,27%的人没有目标。25年后,经过跟踪调查,3%的人始终不懈努力,几乎都已成为社会各界成功人士;10%的人短期目标不断实现,成为社会各领域专业人士;60%的人生活安稳,但无突出成绩;27%的人过得不如意。这些人之间的差距,就在于有些人一直朝着目标努力,有些人没有目标,生活没有方向。[①]

大学生在进入社会之前,一定要明确自己的职业发展目标,如此才能有的放矢地去寻找能实现自己人生价值的职业,"好的开始是成功的一半",如果在一开始就选错目标,或者没有目标,就很可能事倍功半并蹉跎岁月。

三、大学生职业规划目标制订的原则

(一)定位原则

所谓定位原则,是指大学生的职业规划目标的制订应该是明确的,不能是模糊的、模棱两可的,不确定的。具体来说,大学生虽然初入职场,各方面信息掌握可能不全面,但是应该对自己的具体的职业发展水平、能力、薪资、福利待遇等有一个明确的期

---

① 石建勋.职业生涯规划与管理[M].北京:清华大学出版社,2017.

望,并且这一期望应该是符合个人实际和整个社会环境的,不能好高骛远,也不能妄自菲薄。

明确的职业规划目标定位,有助于大学生最大限度地发挥个人价值并能获得应有的报酬,可有效避免大学生求职就业的"高不成低不就"的现象。

(二)定向原则

大学生职业规划目标制订的定向原则,具体是指大学生应有明确的职业发展方向。

职业方向是实现职业发展目标的一个重要途径,对于大学生来说,就业和创业之前,必须对自己的职业发展方向有一个清楚的认知,不同的大学生的个体条件、能力、爱好等不同,所能从事和所喜欢从事的行业不同,在职业发展方向的选择上也就不同,大学生必须结合自己的实际选择正确的职业发展方向,在职业规划目标的确定中要做到方向的正确,这是大学生成才的重要基础。

(三)定心原则

定心,指稳定心态。大学生职业规划目标的制订,要做到定心,就必须要不灰心、不半途而废、不好高骛远。

无数实践表明,个体的职业生涯发展不可能是一帆风顺的,尤其是刚入职场的大学生,会面临各种各样的困难,对此大学生应对社会环境、行业环境、自己的条件有一个清楚的认识,应分析所制订职业发展目标的可行性与实现条件,并坚持不懈、不断克服各种困难,如果职业规划目标是正确的、可行的,就决不能轻言放弃。

(四)定点原则

定点,即确定职业发展的地点。职业发展与社会经济环境有着非常密切的关系,经济发展程度不同、文化发展环境不同,对各职业的发展空间的容纳度也不同,所提供的各行业的求职机会也不同。

对于大学生来说,要进入到一个职业发展过程中,就必须要充分考虑自己所选择的职业哪个地区、城市发展最有前景,自己最适合和最想在哪个地区、城市发展。职业发展地点的选择可能会影响到大学生日后的成家立业的整个人生发展轨迹。

在这里必须提出的是,大学生应以辩证的思维慎重选择职业发展的地点,经济发达的特大城市、大城市就业和创业机会更多,但社会竞争更激烈、工作压力也大,大学生不能片面地认为只有经济发达的城市才有自己的职业发展机会。

四、大学生职业规划目标制订的要领

(一)发挥自身优势

大学生职业规划目标确定,应做到"扬长避短",职业目标的定位一定是最能发挥自我能力、性格、专业、条件优势的目标,淡化自己的弱点和缺陷,只有这样才能增加成功的几率和可能性,才能在求职就业和创业中更具主动性,在工作中更得心应手。

(二)考虑社会需要

大学生接受教育,教育所培养的人才是个人自由发展与社会发展需要相结合的人才,大学生的个人价值的实现必须与社会价值的实现相结合,把个人理想与社会需求结合起来,这样才能更好地实现自我的发展。

大学生进入社会,或就业或创业,都不是个人活动,而是一种社会行为和社会活动,会受到多种社会现实条件的制约,因此,大学生在制订职业规划目标时,一定要充分考虑社会环境因素,职业规划目标应与社会发展环境相适应,并具有一定的弹性,能适应社会环境的变化而及时进行调整,只有这样,才能在满足社会需要的同时,实现自己的职业理想。

大学生的职业目标需要在社会环境中实现,如果脱离了社会环境,脱离了社会需要,则职业目标就失去存在的意义了。

(三)目标要有重点

科学制订职业规划目标,大学生必须充分认识到,人生的目标是有限的,最佳目标一定不是最有价值的那个,而是最有可能实现的那个,否则,再完美的职业目标,没有实现的可能性,就只能是空想。

大学生制订职业规划目标应突出重点目标,集中精力去攻克最有可能实现的那个,目标不宜过多,过多的目标杂乱无章,会消耗大学生许多精力和时间,最后可能是各个行业和职业都尝试了,都是简单入门,很少有深入发展,最后一事无成。

因此,大学生职业规划目标一定要有重点,应严格控制职业目标的数量,在一个职业发展阶段,设置一个重点目标,实现后目标后,再统筹规划并设立新的目标,如此才能循序渐进、步步攀升。

五、大学生职业规划目标制订流程

大学生的各自条件不同,职业生涯目标也会各不相同,但是,大学生职业规划目标的制订流程是基本相似的,具体分析如下。

(一)职业发展环境分析

任何人制订职业规划目标,都应该首先考察职业发展宏观和微观环境,并对整体环境进行全面、深入分析,如此才能结合环境制订更科学合理的职业发展目标。

大学生要分析自我职业发展环境,加强对自我以及职业环境的认识,有助于大学生设计出切实可行的适应自己的个性特征和所偏好的工作环境的职业规划目标。

就我国大学生就业现状来看,一些大学生在求职过程中屡屡受挫,一直找不到理想中的职业,就业方向不确定、就业形势不了解、行业发展动态不熟悉,找工作完全靠碰运气,这就很难有较高的成功率,这时大学生要做的并不是"怨天尤人",而是应该认真反思,自己在求职之前是否认真分析了职业发展环境。

大学生要想提高就业和创业成功率,制订出科学合理的职业规划目标,就必须对自我职业发展环境有一个充分的了解。

(二)制订职业规划概念目标

大学生制订职业规划目标,先制订长期的概念目标是比较合理的,包括长期的职业规划概念目标与短期的职业规划概念目标。

首先,大学生应该明确自己在未来一段时期内想要从事哪一种类型的工作、从事哪些活动、希望承担哪些责任并希望收获哪些回报,在职业规划概念目标的制订过程中,大学生应充分考虑自我的职业兴趣、需要、价值观、期望等,职业目标应涉及工作职责、物质环境、生活方式、人际交往等内容。

其次,大学生应结合已经制订好了的职业规划的长期概念目标,制订短期的概念目标。短期概念目标是实现长期概念目标的基础,长期概念目标是短期概念目标实现的结果,只有一个个的短期概念目标实现了,那么长期概念目标也就会很快实现。

在这里需要特别提出的是,大学生制订职业规划概念目标,应体现出概念目标的表现功能,而不能将其作为是工作发展阶段的终点,而是要充分考虑该短期概念目标能否给自己带来有兴趣、有意义的工作内容与任务,能否满足自己这一阶段的职业发展需要和生活方式、社交等需要,能否为更高层次的职业发展目标的事项带来巨大的回报。

(三)制订职业规划行动目标

所谓行动目标,就是将概念目标具体化为某一特定工作或职位。具体来说,大学生应该在职业规划概念目标确定之后,充分考虑什么样的具体工作行业、职位、岗位能为自己的职业发展提供机会、能满足自己的职业发展需求。

大学生将职业规划的概念目标转化成行动目标应注意以下几点。

第一,对职场环境进行充分考察。

第二,搜集各类信息,并进行整理,分析,估计一下能够满足自己的概念目标主要内容的具体行动目标应该具有哪些性质。

第三,对一个或几个行动目标的相关活动和回报进行评估,评价每一个行动目标的适当性。

第四,选定最佳目标,并列举实现目标所需要的条件,部署行动计划,完成条件任务,促进目标实现。

(四)制订内、外职业规划目标

外职业规划目标,指规划职业过程的外在标记,包括工作的环境、地点、职位、内容、收入、达到程度等。

内职业规划目标,指规划职业生涯过程中的知识和能力的积累、观念和能力的提高以及内心的感受。要实现内职业规划目标,大学生应做到以下几点。

第一,完善观念,使自己变得更加稳重和成熟。

第二,提高心理素质,以更好适应工作压力。

第三,提升工作能力,以适应岗位要求。

第四,做出一定的工作成果。

第二节 大学生职业规划设计

一、大学生职业规划设计的原则

(一)客观性原则

大学生职业规划设计应符合客观实际,包括符合个人条件实际情况和社会职业发展实际情况。职业规划设计,应力求客观。

大学生职业规划设计过程中遵循客观性原则要求如下。

(1)应该综合考虑现实环境和个人条件的制约。

(2)客观评价自己的智商、情商、专业特长、个性特点以及优缺点等。

(3)抛开个人喜恶,客观评估职业环境因素,如家庭、经济、文化等,正视职业现实矛盾和矛盾所孕育的发展机会。

每一个大学生在毕业进入社会时,都想要大展身手、有一番作为,但是应客观地认清现实、分析条件、制订目标,不能不切实际。

(二)优势性原则

大学生科学进行职业规划设计,应最大限度地发挥自己在职业发展中的优势,这就是职业规划设计的优势性原则,该原则既体现了职业发展的人尽其才的要求,又体现了大学生对自己、对社会负责的精神。

大学生职业规划设计过程中遵循优势性原则应做到以下几点。

(1)培养良好职业素质,大学生应重视培养自己的生理素质、思想道德素质、心理素质、科学文化素质等。

（2）了解特殊岗位对从业者的特殊素质要求。大学生在择业过程中应对自己感兴趣的职业的职业素质要求有清楚的了解，以便于提前做好准备，这样才能在机会来临时抓住机会。

（3）大学生应正确认识自己的优势，这种优势应与具体职业要求做比较，与其他待业大学生和初入职场的人做比较，不能自以为是或妄自菲薄。

（三）持续性原则

职业生涯规划是一个涉及不同要素及时空概念的系统工程，大学生从校园走向社会，要在社会环境中连续工作几十年。职业规划应该涵盖人的一生，并非某一阶段的安排。

大学生的职业规划的跨度应该是关乎整个人生的规划，在制订职业生涯规划必须考虑到整个职业生涯的发展，应是涵盖一生的长远规划。

大学生职业规划设计过程中遵循持续性原则应做好以下准备。

（1）掌握职业生涯发展的一般规律和特点。

（2）了解职业生涯发展阶段理论，各职业发展阶段的规划，应该与人生总规划要一致，不能摇摆不定，否则会浪费很多人力资本积累。

（四）前瞻性原则

大学生进行职业规划设计，是在正式进入岗位前。职业规划设计的内容是先于具体的职位工作开展而发生的，职业规划具有提前性，要想实现对未来职业发展的科学规划，就必须要有预见性，在职业规划设计中体现前瞻性。

大学生职业规划设计过程中遵循前瞻性原则应明确以下几点。

（1）好的职业规划设计，应有长远眼光，能考虑5年、10年，甚至更久时间内自我的职业发展经历。

（2）要有透过现象看本质的能力，大学生进行职业规划设计，不能被眼前的某些现象所迷惑,不能仅计较当下的得失,要有战略目光。

（3）充分挖掘自己的潜力和潜能,从容应对社会的发展变化。

（4）借助现代预测工具,对自身和社会发展趋势进行科学预测,无论是选择热门行业与岗位,还是选择冷门的行业与岗位,都应有符合自身发展的充足的理由。

（五）实用性原则

大学生职业规划设计的目的旨在指导大学生科学择业、就业、创业,因此,具体的职业规划设计应具有实用指导价值,体现出实用性。

大学生职业规划设计过程中遵循实用性原则要求如下。

（1）职业规划设计应讲求简便易行。

（2）职业规划设计应力求简便、简单,抓住要点、不记其余,一目了然,避免长篇大论,避免讲空话、套话。

（3）职业规划应目标明确而且具体。如"成为一个管理者"是不具体的目标,而"掌握服装设计基本流程,能独立担任一条生产线的服装设计"就是具体的目标。

（4）对所设计的职业规划目标,设计可以量化或评估的指标,如时间限制、岗位提升、薪资水平等。

（六）挑战性原则

规划的目标或措施要具有一定的挑战性。大学生职业规划设计的挑战性原则具体要求如下。

（1）目标高低适当,通过努力可以实现。目标过低,没有努力积极性;目标过高,容易受挫进而打击积极性。

（2）阶段目标与终极目标相结合,善于制订具有挑战性的小目标,通过一个个小目标的实现来达成更高的目标,不要在一开始就制订终极目标。

（七）发展性原则

大学生职业规划设计应充分考虑到自我职业发展，坚持发展性原则，促进自我人生价值的实现，具体应做到以下几点。

（1）职业规划设计，应充分考虑择业方向是否有利于自我发展。

（2）推测职业的发展前途，职业能否满足自己和家人的生存的基本需要，在此基础上，判断该职业能否满足自我发展需求与实现个人价值。

（3）排除时尚、从众、利益等干扰因素，寻求适合自己的职业发展道路。

（八）独立性原则

大学生从生理上和心理上都已经成为成年人，因此，大学生所做的一切决定都应该对自己负责，而作为成年人，大学生也有能力为自己的未来发展做出决定。

这里所强调的是，大学生在择业、就业、创业过程中，会征求家人、亲朋好友、老师同学、专家学者等各类人的意见和建议，这些意见和建议固然有非常大的参考价值，但是，大学生要选择哪个行业、走哪一条职业发展道路，最终要由大学生自己来决定，自己拿主意，把握命运，毕竟只有自己才最了解自己，大学生需要为自己所作出的人生决定负责，并应慎重做决定。

（九）终生学习原则

"活到老，学到老"不仅适用于学习，也适用于其他方面，在职场中也有很多知识、技能需要学习，大学生进行职业规划设计，不能仅满足于一时的成就，应有不断奋进的心，有不断学习的终身学习意识。

现代社会，科技发展日新月异，是提倡学习型的社会，整个行业和企业发展环境是要求行业创新、企业创新，各种职业都对个

第二章 大学生职业规划

体提出越来越高的知识和技能要求。如果大学生在职业发展中"安于现状",则很快就会在市场人才竞争被淘汰。因此,大学生在规划职业生涯时应该加入持续的教育和培训的内容,不断提升自己、不断增强职业竞争力。

二、大学生职业规划设计的方法

(一)SWOT 分析法

SWOT(Strengths Weaknesses Opportunities Threats)分析法最早哈佛教授 K.J.安德鲁斯教授在 1971 年提出,安德鲁斯教授将企业的竞争环境进行了内环境和外环境。优势和劣势的分析,并指出企业要发展就必须结合自己所处的环境、优劣势制订适合企业发展的战略,这种为企业中长期发展制订战略的方法就是 SWOT 分析法。

一般来说,S(Strengths,优势)、W(Weaknesses,劣势)属于个人因素,O(Opportunities,机会)、T(Threats,威胁)属于外部环境因素,SWOT 分析法旨在将个体或组织所面临的的各种因素都罗列出来,并根据一定的次序排列成矩阵形式(图 2-1),根据分析得出结论并制订相应发展策略。

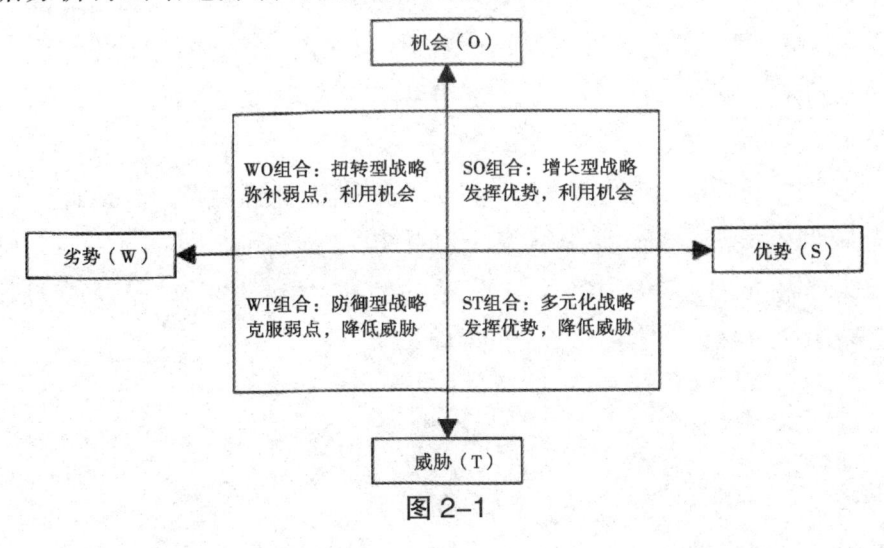

图 2-1

利用SWOT分析法设计职业规划,具体分析如下。

1. 大学生职业优势分析

大学生的职业规划设计,分析自己的优势,可以从以下三个方面进行。

经历和体验:如曾参与或组织的实践活动、获奖经历等。
学到的知识:学科专业知识、其他知识。
成功点:做过的有成就的事,分析成功的原因。

2. 大学生职业劣势分析

大学生的职业劣势分析应重点放在以下两个方面:一方面,分析自己经验或经历中所欠缺的方面,如经验、经历;另一方面,分析自己的性格弱点。

3. 大学生职业机会分析

机会是个人的外部因素,对大学生的职业发展来说,包括新职业、新行业、新需求、外国市场壁垒解除、竞争对手失误等。大学生应重视分析哪些因素对自己是有利的,对自己的职业发展有帮助,这些帮助作用能持续多久。

4. 大学生职业威胁分析

大学生职业发展所面临的外部威胁因素,主要包括:其他大学生竞争者,替代职业增多、行业政策变化、市场需求降低、用人单位变故、突发事件等,对这部分因素,大学生应做好应对准备,争取顺利就业。

总结来说,大学生通过SWOT分析法来进行职业规划设计,应做到"发挥优势,克服劣势;利用机会,化解威胁"。表2-2可为大学生职业决策SWOT分析提供参考,大学生可对照其中内容进行自我分析,并提出针对性策略。

表 2-2 个体职业决策中的 SWOT 矩阵

	优势	劣势
内部因素	可控并可利用的内在积极因素： ・工作经验； ・教育背景； ・丰富的专业知识和技能； ・特定的可转移技巧； ・人格特性优点； ・人际关系广泛； ・专业影响力。	指可控并可改善的内在消极因素： ・缺乏工作经验； ・学习成绩不好； ・缺乏目标，自我认识不足； ・较差的领导、交往、沟通等能力； ・较差的找工作能力； ・负面人格特性。
	机会	威胁
外部因素	不可控但可利用的外部积极因素： ・就业机会增加； ・专业领域急需人才； ・专业晋升的机会； ・职业道路选择带来的独特机会； ・地理位置的优势； ・强大的关系网络。	不可控但可弱化的外部消极因素： ・就业机会减少； ・同专业毕业生竞争者； ・强实力竞争者； ・名校毕业生竞争者； ・专业领域发展有限。

（二）"五步法"

在职业规划中，"五步法"是经常用到的一个职业规划设计方法，该方法基于有关五个"WHAT"的思考模式，对个体职业发展规划过程中所遇到的问题进行提问，通过对这五方面问题的分析，来确定自己的未来职业发展方向与目标。

职业规划的"五步法"所涉及到的五个问题具体如下。

（1）What are you？（你是谁？）：分析个人兴趣爱好、性格倾向、身体状况、教育背景、专业特长、经历和思维能力。

（2）What do you want？（你想做什么？）：分析个人的学习目标、职业目标、终生理想。

（3）What can you do？（你会做什么？）：总结个人已经确定了的能力和自己认为能够开发出来的潜力，了解自己的职业能力。

（4）What can support you？（环境支持或允许你做什么？）：了解职业发展的环境因素，趋利避害，科学进行职业生涯规划。

（5）What can you be in the end？（你的职业与生活规划是

什么？）：在明晰前面四个问题的基础上，构建个人的职业规划框架，为将来的职业发展做好充分的准备。

（三）橱窗法

橱窗法可帮助大学毕业生在职业规划时进行正确的自我认知，它是一种借助直角坐标不同象限来表示人的不同部分的分析方法（图2-2）[①]。

图 2-2

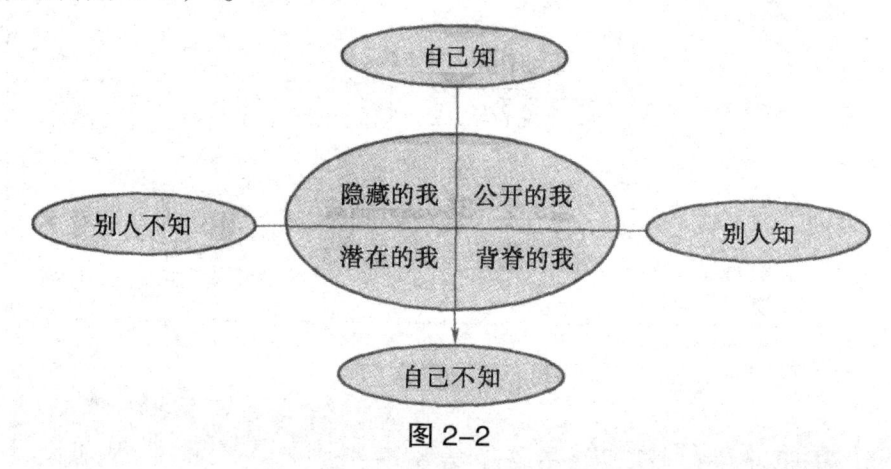

具体来说，大学生可以对自我的不同属性的横坐标和纵坐标对自己有不同的认识，结合具体的自我认知判定自己的职业规划是否与自己的知识、能力、阅历等相符合。

（四）360°评估法

大学生进行职业规划还可以采用360°评估法，360°评估法是经常被用到的评估方法，它源于被誉为美国力量象征的典范企业英特尔的"360度绩效考核评价模型"，又称"多渠道评估法"，是指通过自我、家人、同学朋友、老师领导等进行评估，收集与自己关系密切的、不同层面人员的评估信息，全方位地评估自己（图2-3）。有助于大学生全面、客观地了解有关自己的个人特

[①] 王岩，徐建成. 大学生职业规划与就业指导[M]. 北京：北京轻工业出版社，2011.

质、优缺点等信息，为自己的职业规划及能力发展提供全方位的参考。

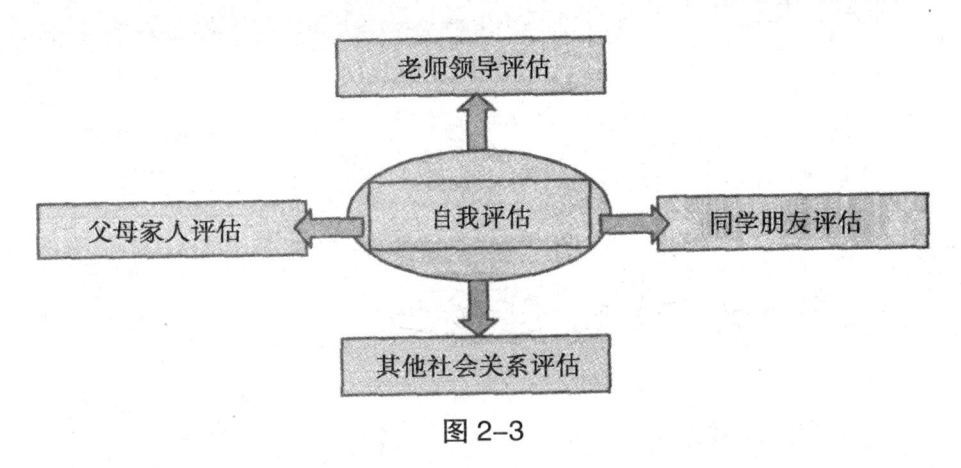

图 2-3

（五）"思考圈法"

"思考圈法"是一种职业生涯规划常用理论方法，在我国香港高校大学生中的职业规划设计中经常使用，该理论以循环思考来表述职业生涯规划，阐述了职业生涯发展影响的六要素之间的往返循环关系（图 2-4）。

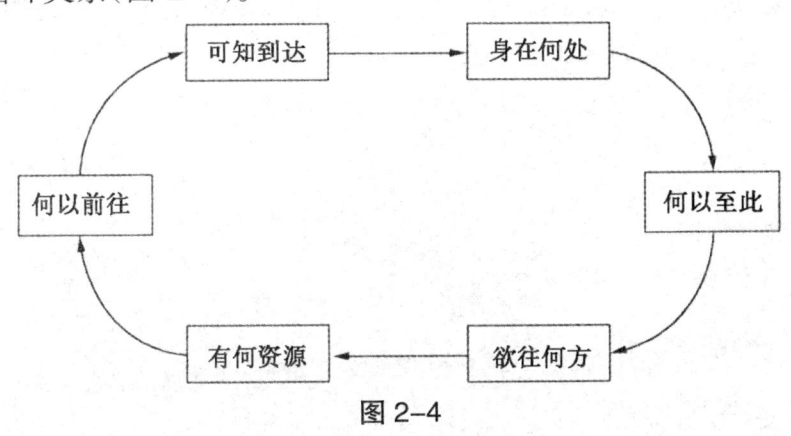

图 2-4

大学生进行职业规划设计，应时刻注意职业发展影响六要素的思考与分析。

"身在何处"——了解目前情况、存在差距。

"何以至此"——分析导致现状的主客观原因。

"欲往何方"——找出最优临时决策,思考并明确就业目标。

"有何资源"——精心搜索和综合选择,整合与职业目标一致的有效资源。

"何以前往"——设计可达成目标的可行性计、措施、策略。

"可知到达"——选择和目标对比,分析差距,总结经验,为下一循环奠定基础。

三、大学生职业规划设计决策过程

(一)职业规划方向选择

从本质上讲,"职业生涯规划设计"就是"人生战略设计"。成功的人生需要正确规划。一个人能否成功,与其能否管理好自己的人生规划有非常重要的关系。

个人职业规划方向的选择主要有三个要素需要考虑,即个人愿望、个人条件(性格、能力等)和社会环境与机会,这三个要素都能满足的职业规划是最理想的职业规划,如图2-5所示,图中O区,就是职业规划的最佳区域。

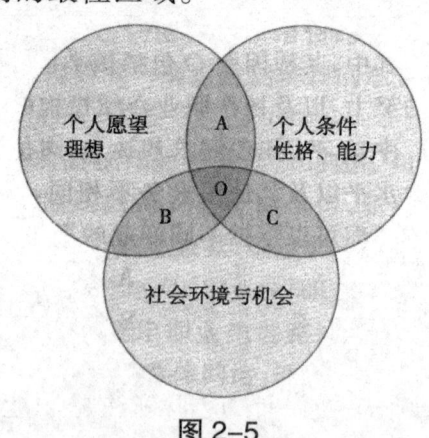

图2-5

现实生活中,要满足职业规划的三个要素条件的理想职业是不存在的,通常来说,有效结合两个条件优势的情况比较多,如图

2-3 中的 A 区、B 区、C 区,大学生进行职业规划设计,应选择最接近三个条件都满足的职业方向,并最大限度地发挥个人的职业竞争条件与优势。

如果大学生自身条件良好,处于图 2-5 中的 A 区、B 区、C 区,渴望向 O 区发展,应作出以下努力。

(1)在 A 区,进 O 区:应改变环境;转换环境,寻找机会;等待机会。

(2)在 B 区,进 O 区:应改变自我;提高能力。

(3)在 C 区,进 O 区:应培养兴趣;改变理想;适应并接受现实。

(二)职业生涯选择决策

经过调查发现,有很多大学生,面临诸多职业却找不到理想职业;或者面对一些理想职业,又不具备必要的能力,从社会上众多职业中,选择一个适合自己的最佳职业是非常困难的,但也并非不可做到。

社会学研究认为,职业生涯选择是个人降低职业意向水平,适应社会实际需求的现实化的决策过程,这一过程,又称个人职业理想与社会职业实现的"调和"或"调适"过程。

个体可能得到某类职业的概率公式如下:

$$J = Q \cdot C \cdot A \cdot O$$

式中:

J——职业概率;

Q——职业需求量;

C——竞争系数;

A——职业能力水平;

O——其他因素。

公式含义:职业概率=职业需求量×竞争系数×职业能力

水平 × 其他因素[①]

举例,将不同职业的期望值(职业概率)大小顺序排列如下。

A 职业(作家) = 0.01
B 职业(大学教师) = 0.05
C 职业(报社记者) = 0.05
D 职业(编辑) = 0.10
E 职业(中小学教师) = 0.30
F 职业(秘书) = 0.30
G 职业(银行职员) = 0.50
H 职业(技术工人) = 0.70
I 职业(一般工人) = 1.00
J 职业(服务员) = 1.00

通常来讲,期望值越小的职业,往往是更理想的职业;反之则是日常多见普通职业。对于职业的选择,就看个体是如何在各期望值中进行"调和"选择。

从社会学角度来看,择业有以下类型。

(1)标准型,职业发展过程为:职业准备—职业选择—职业适应期—职业稳定期。

(2)先确定型,职业发展过程为:明确职业方向—进行专业教育—寻找对口职业—职业适应期—职业稳定期。

(3)反复型,职业发展过程为:职业准备—职业选择—不适应—重新择业—职业适应或不适应—再次择业等。

(三)职业生涯路线设计

明确职业方向、制订好职业发展目标后,就需要设计职业生涯路线,分析要实现职业目标,需要通过哪些有效途径可以最终达成。

在职业生涯发展中"条条大路通罗马",大学生进行职业规划设计,就是要找出同学"罗马"最近、最好走的那一条路,避免走

---

① 石建勋.职业生涯规划与管理[M].北京:清华大学出版社,2017.

弯路、走错路、走回头路，避免时间、精力、人力浪费的浪费。

传统职业生涯路线设计，主要是分析通往金字塔顶的一系列通路来确定，有单一纵向的发展梯度路线（图2-6）。从业者要达到最高级别的职位，必须要明确职业生涯路线入口、职位要求、达到塔顶的职业经历、每一层职位级别的最低服务年限和岗位能力要求。

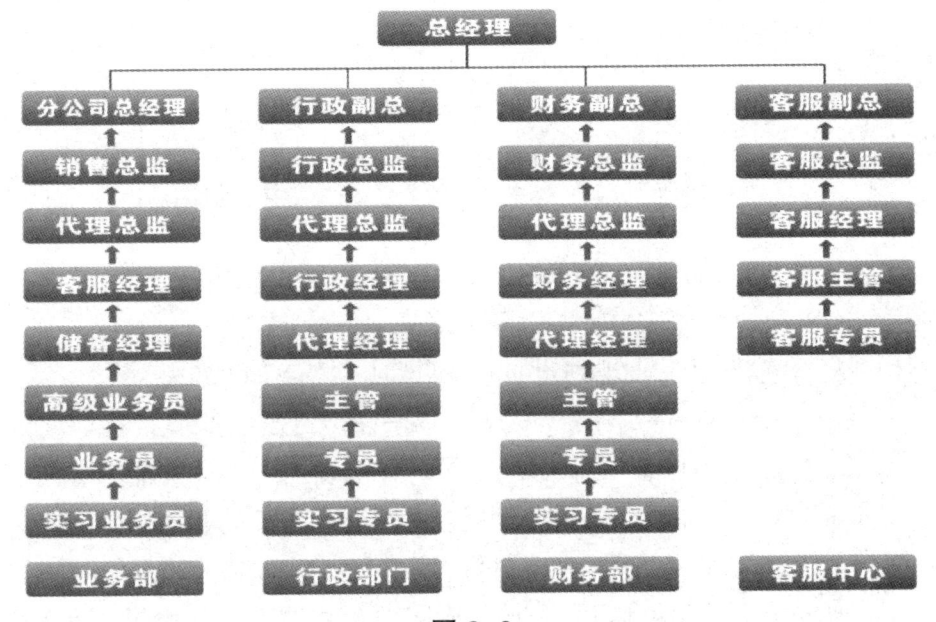

图 2-6

现在职业生涯路线规划，不再仅局限于纵向流动，而是强调职位多元流动的可能性，可结合个人职业发展目标和组织需要来设计职业生涯发展路线，不断向更高级别的岗位晋升。典型的职业生涯路线图是一个"V"形图（图 2-7），以大学生毕业为起点向上发展，"V"形图的左侧是行政管理路线，右侧是专业技术路线，将职业生涯路线进行年龄、职业等级划分，职业生涯目标一目了然。"V"形图在企业内部也同样适用（图 2-8），可根据个人需要与组织需要确定继续往技术方向发展或管理方向发展。

行政管理路线　　　　　专业技术路线

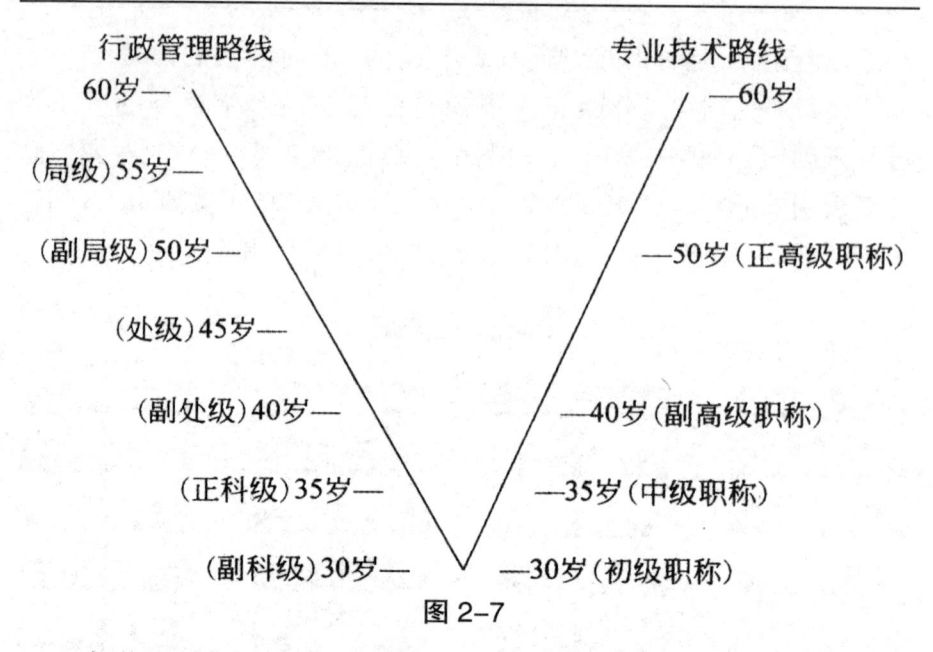

60岁——　　　　　　　——60岁

（局级）55岁——

（副局级）50岁——　　　——50岁（正高级职称）

（处级）45岁——

（副处级）40岁——　　　——40岁（副高级职称）

（正科级）35岁——　　　——35岁（中级职称）

（副科级）30岁——　　　——30岁（初级职称）

图 2-7

大学生进行职业规划设计，应明确以下三个问题。

（1）我想往哪一条路线发展？——分析自己的职业目标取向。

（2）我适合往哪一条路线发展？——分析自己的职业能力取向。

（3）我可以往哪一条路线发展？——分析自己的职业机会取向。

大学生在职业规划中通过深入、全面分析，确定职业发展的三个取向之后，就可以进一步确定职业生涯路线，分析过程如图 2-9 所示。

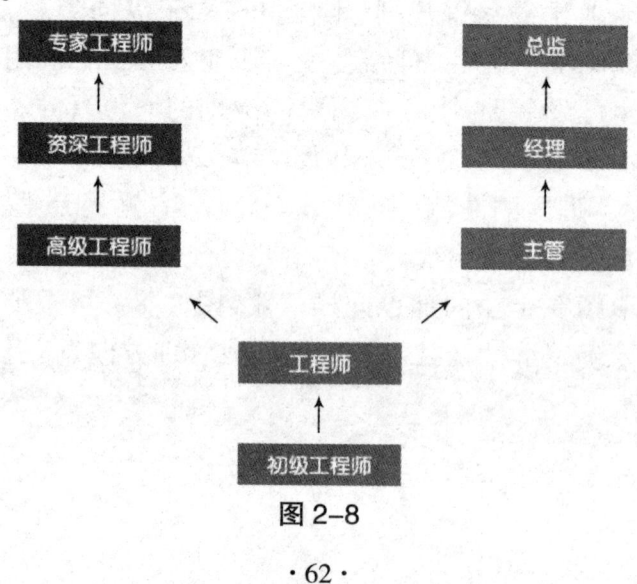

图 2-8

第二章　大学生职业规划

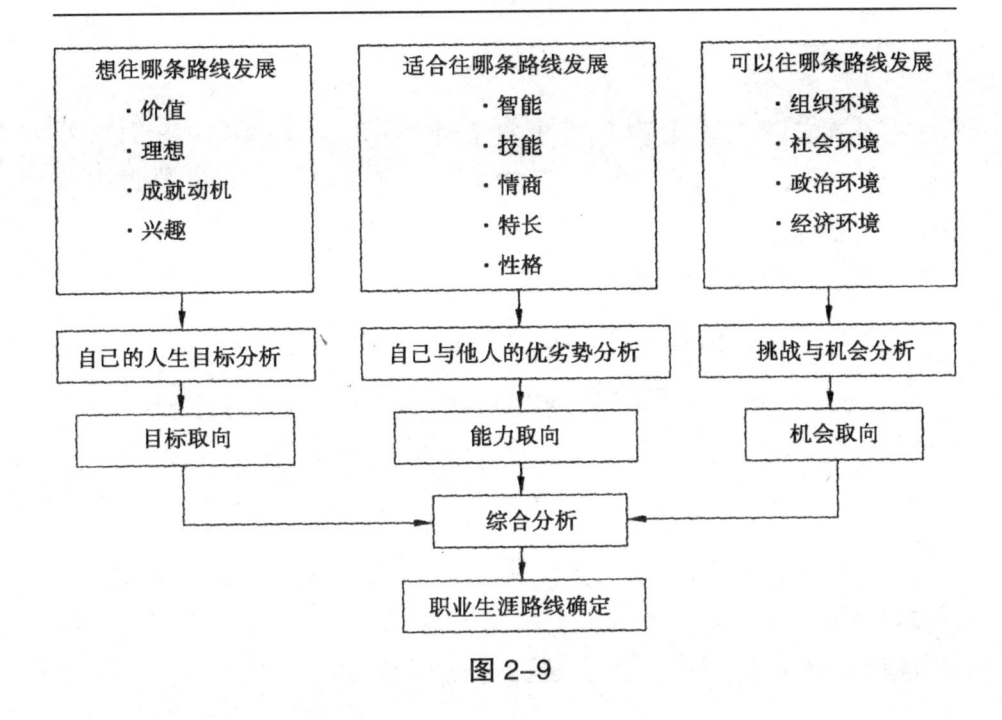

```
┌─────────────────┐   ┌─────────────────┐   ┌─────────────────┐
│ 想往哪条路线发展 │   │ 适合往哪条路线发展│   │ 可以往哪条路线发展│
│ ·价值           │   │ ·智能           │   │ ·组织环境        │
│ ·理想           │   │ ·技能           │   │ ·社会环境        │
│ ·成就动机       │   │ ·情商           │   │ ·政治环境        │
│ ·兴趣           │   │ ·特长           │   │ ·经济环境        │
│                 │   │ ·性格           │   │                 │
└────────┬────────┘   └────────┬────────┘   └────────┬────────┘
         │                     │                     │
┌────────┴────────┐   ┌────────┴────────┐   ┌────────┴────────┐
│ 自己的人生目标分析│   │自己与他人的优劣势分析│   │ 挑战与机会分析  │
└────────┬────────┘   └────────┬────────┘   └────────┬────────┘
┌────────┴────────┐   ┌────────┴────────┐   ┌────────┴────────┐
│    目标取向     │   │    能力取向     │   │    机会取向     │
└─────────────────┘   └────────┬────────┘   └─────────────────┘
                      ┌────────┴────────┐
                      │    综合分析     │
                      └────────┬────────┘
                      ┌────────┴────────┐
                      │  职业生涯路线确定│
                      └─────────────────┘
```

图 2-9

四、大学生职业发展规划书的撰写

大学生职业发展规划书是大学生职业规划设计的书面形式呈现，可以有效指导和鞭策大学生更有针对性地进行职业准备。

（一）职业发展规划书内容

一份完整、翔实的大学生职业发展规划书应包括以下主要内容。

1. 封面

大学生职业发展规划书的封面上应注明名称、姓名、日期，可插入图片和警示格言。

2. 扉页

大学生职业发展规划书的扉页上应写明姓名、性别、年龄、专业、学历、籍贯、所在单位、通讯地址、联系方式等。可以插入个人照片。

3. 目录

目录应就大学生职业发展规划书的主要内容进行提纲挈领地标注,有助于一目了然地了解整个规划书的内容,并方便快速查找相关内容。

4. 外部环境分析

大学生职业规划书应就职业发展的外部环境进行深入、全面分析,并就自我职业发展方向与目标的环境优势、劣势进行总结分析。

5. 自我分析

大学生职业规划书应就自我条件和能力进行全面分析,包括家庭、学校、自身条件及个性、兴趣爱好、能力特长及发展潜力等,了解自己在职业发展中的竞争力水平、机会。

6. 职业目标定位

大学生专项职业发展规划书,应有明确的职业目标定位,并详细描述,确立职业发展方向,结合自身情况进行职业发展机会评估,做出职业选择和职业决策。

7. 职业发展路径

按照时间段划分,对职业发展目标进行层层分解,突出各阶段特点,制订有针对性的、具体的发展对策。

8. 职业生涯评估与修正

大学生职业生涯规划具有预见性、前瞻性,是大学生对未来职业发展的预测,并不一定与真实的职业生涯轨迹发展相符,在之后的职业生涯发展过程中,大学生应对职业发展规划进行定期或不定期的评估,对职业发展实际与职业规划中不相符的地方进行分析、评估,必要时,调整职业或修正职业生涯发展规划。

9. 结束语

大学生应对职业生涯规划整个过程有一个整体性的认识,并对未来充满希望,坚定职业发展自信。

(二)职业发展规划书完成过程

总的来说,大学生职业发展规划书的成书过程如图2-10所示。

确立制作目的 → 安排内容结构 → 收集信息并展开分析 → 自我测评 → 拟稿和修改

图2-10

对大学生职业发展规划书的完成过程具体分析如下。

1. 确立制作目的

大学生撰写职业发展规划书,并不是为了应付老师的作业,而是对自我人生发展的一个深入分析与思考,并通过书面形式将职业发展过程确定下来,通过对自己和社会的全面客观地了解,确定自己的职业发展方向和目标。

大学生撰写职业发展规划书,可以为自己未来职业选择和决策提供必要参考。

2. 安排内容结构

大学生职业发展规划书的内容、结构,应服务于整个职业规划设计目的与个人阅读、参考需求,可繁可简。

通常来说,大学生职业发展规划书或采取条列式,或采取表格式,或采取论文式,无论哪种形式,都应包括与大学生未来职业发展中应重点思考和解决的问题。

3. 收集信息并展开分析

科学的职业发展规划一定是建立在丰富的个人资料和社会环境资料、职业发展资料基础之上的,大学生应善于收集与分析各类事实和数据,在分析这些事实、数据的基础上,分析自我职业发展中的关键环节,并提出相应对策。

大学生可以通过以下途径获取职业发展相关资料。

（1）书籍文献，阅读职业指导方面的书、报刊、杂志。

（2）互联网，从网上掌握最新职业发展动态与消息。

（3）身边的人，如老师、同学、父母、亲朋好友等。

（4）新媒体：如微信公众号、招聘类APP、自媒体商业推广等。

4. 自我测评

大学生的自我认知的全面性、客观性，将直接影响大学生对自我职业发展的条件、知识、技术、能力判断是否准确，这将进一步影响到大学生职业发展目标确定的科学与否，为了更加客观与全面地了解自己，避免主观不实评价，大学生可以运用一些心理测验的软件来对自己的性格、气质、价值观等进行测评。

5. 拟稿和修改

（1）拟稿

大学生在前期大量准备的基础上，可以依据自己确定的思路，草拟职业发展规划书。大学生职业规划书的拟稿应尽量集中时间一次性成型，不要写写停停，以免思路不连贯、条理不清、前后矛盾。

（2）修改

职业发展规划书完稿之后，可给身边的人查看，主动搜集意见和建议，对职业发展规划书进行进一步完善。

（三）职业发展规划书写作要求

1. 内容真实

大学生职业生涯规划的内容应与自己的实际情况相符，对社会宏观环境和职业发展环境的分析也应符合实际，不能过分夸大，不能虚构，也不能扭曲事实，大学生的职业发展规划关系到大学生未来的发展，一定要实事求是、内容真实。

内容不真实的职业生涯规划书，毫无使用价值，如果一定参考可能还会影响个人的职业生涯发展。

2. 价值实用

调查显示,有很多大学生在大四毕业之际或者在就业指导课后被要求转型职业发展规划书,一些大学生错误地认为是为了应付老师,是为了装门面,随便糊弄,殊不知,这是对自己未来职业发展没有足够重视和认识不足的表现。

大学生职业发展规划书关系自身未来科学、可持续发展,应突出实用指导价值,以便于对自身未来的职业发展提供有效的指导。

3. 结构完整

大学生专项职业生涯规划,无论采取何种形式,都不能离开自身分析、环境分析和职业选择这三个核心。这三个内容的发展应为大学生未来的发展提供有效的职业发展方向、路径、策略支持与参考。

结构的模式性提高了职业生涯规划的实用效率。大学生按照职业发展规划书的规范模式写作,不仅能使自己的写作更加简便快捷,还能使自己在运用时一目了然,对照自己的行动也更加直观。

4. 语言平实

大学生职业发展规划书的语言要准确、简洁、朴实,力求逻辑清晰、开门见山、切忌长篇抒情。

(四)职业发展规划书格式

这里重点介绍大学生职业发展规划书的以下四种格式。

1. 条列式职业发展规划书

条列式职业发展规划书的特点是,简单表述,无详细资料,内容成文精炼,但缺乏逻辑性。

2. 表格式职业发展规划书

表格式职业发展规划书的特点是,一目了然、分析与论证整个过程清楚明白,但更多是作日常警示用的个人发展计划实施方案表,适合分阶段实现的简单职业发展目标、机会、策略设计。

3. 复合式职业发展规划书

复合式职业发展规划书即是对条列式职业发展规划书和表格式职业发展规划书的综合。复合式职业发展规划书能够综合运用这两种格式的优点,进而使职业发展规划书具有较好的实用性与实用性。但是,复合式职业发展规划书的结构较为复杂,不容易设计。若是设计不好,会很容易让人感觉凌乱。

4. 论文式职业发展规划书

论文式职业发展规划书的特点是,规划完整、全面、详细,是最为完整的能够分析研究一生的职业生涯发展的可行性分析报告。基本格式要求见表2-3。

表2-3 大学生职业规划书论文格式

封 面
(注明作者、作品名称、日期,可在封面插入图片和格言)
扉 页
姓名:×××
性别:×
年龄:××
籍贯:××省××市/县
身份证号码:××××××××××××××××××
所在学校及学院:××大学××学院
班级及专业:××班××专业
学号:××××××××
地址:××××××××××××
邮编:××××××
电话:×××××××××××
E-mail:××××××××××××

续表

目 录
总论（引言）…………………………………………………………………
第一章 认识自我
个人情况………………………………………………………………………
职业兴趣………………………………………………………………………
职业能力及适应性……………………………………………………………
个人特质………………………………………………………………………
职业价值观……………………………………………………………………
小结……………………………………………………………………………
第二章 环境分析
家庭环境分析…………………………………………………………………
学校环境分析…………………………………………………………………
社会环境分析…………………………………………………………………
职业环境分析…………………………………………………………………
小结……………………………………………………………………………
第三章 职业目标定位及其分解组合
职业目标的确定………………………………………………………………
职业目标的分解与组合………………………………………………………
第四章 评估调整
评估内容………………………………………………………………………
评估时间………………………………………………………………………
规划调整原则…………………………………………………………………
结束语…………………………………………………………………………
附：参考书目…………………………………………………………………
正 文
×××
×××
×××

第三节 大学生职业规划实施

一、大学生职业规划实施的基本保障

（一）学会时间管理

对于个人来说，良好的时间管理能力是个体成功的重要基础。大学生职业规划的实施应分清所有规划需要完成的各项任务的主次顺序,集中时间去解决主要问题,按照事情的轻重缓急分配好处理时间,以确保各项活动能科学、合理、有序开展。

有调查表明:一个效率糟糕的人与一个高效的人工作效率相差可达 10 倍以上。对于大学生来说,要学会节约时间、管理时间,有效利用时间,劳逸结合,不断充实自己,并花费时间去做最重要、最紧要的事。

(二)学会自制

对于大学生来说,应该有"今日事今日毕"的意识,有良好的自律和自控意识和能力,否则再完善的职业规划书如果不能有效执行、坚持执行,就不能取得预期的效果,还有可能让大学生丧失眼前的就业机会。

(三)善于调控情绪

情绪是人对事物的一种直接的本能的情感反应,主要受心理素质的影响。个体的情绪对个人的成功影响颇大,过激的或不良的情绪往往会置人于不利地位。

大学生要想更好地实施职业规划,就必须要有良好的心态去面对职场,能在职业发展中遇到一些困难和问题时,学会冷静分析、积极面对挫折,自我调节情绪,不断提高心理素质,如此才能够更冷静地去思考、做正确的决策、实施正确的行为。

大学生如果在职场中不能很好地控制自己的情绪,遇到一点事情就情绪激动,甚至大发雷霆、或沮丧失望,那么将错过很多发展机会,终将一事无成。

情绪管理方法有很多,大学生可以结合实际情况选择以下一种方法控制情绪。

(1)暗示法:通过语言和心理暗示,缓解不良情绪。

(2)转移法:将注意力转移到其他事物上去,使情绪平复。

(3)宣泄法:通过健康的渠道宣泄,如呐喊、健身,不能干扰伤及旁人。

（4）自我安慰法：为合乎内心需要的理由来说明或辩解，避免精神崩溃。

（5）交往调节法：主动找人交流思想、沟通情感，增强自信，理智应对不良情绪。

（6）情绪升华法：改变不为社会所接受的动机和欲望，而使之符合社会规范和时代要求，如受挫后不气馁，而是积极进取证明自己。

（四）避免急于求成

现代大学生往往在毕业走出校园之后满怀热情、满腔抱负，在职场发展过程中恨不得能今天努力工作，明天就能见到成效，后天就能晋升，而实际上，整个社会中，各行各业，要做出一点业绩来都是一件很不容易的事，需要有长期坚持的耐心和毅力，大学生对这一点应该有清楚的认识，职业规划的目标并不是很容易就能实现的，尤其是较高的职业发展目标，需要大学生付出较多的时间、精力、努力与耐心，坚持不懈才能有所成就，在职业规划实施过程中，大学生应切忌急于求成。

（五）有坚定的信念

大学生自我制订的职业发展规划，应具有自信，对职业选择的方向和制订的发展措施有坚决执行的信念，不能轻言放弃，有很多大学生在求职过程中往往是因为缺乏自信、缺乏坚持而错失了良机。

（六）有效、高效行动

有效的行动能确保已经制订的职业规划各措施与方案能够最大限度的落实与开展，有助于职业发展目标的不断实现。

对于大学生来说，要想在复杂、激烈的社会竞争中能保持持续较高的职业竞争力,就必须行动有效、高效,将主要的脑力、时间与精神等最大限度地集到职业目标实现上,而不是耗费在无谓的事务上,在日常学习和工作中,要避免无益于目标的活动的干扰,专心致志地为实现职业发展目标而奋斗。

经调查,被许多企业、职业人所认可的一种高效的行为管理方式为 GTD(Getting Things Done)方法,它由效率管理专家戴维·艾伦研究提出,是一种简单易操作的行为管理模式与方法,能够将焦点信息分门别类、清晰明确地保存在一个完整的系统中,有助于个体集中资源解决重点工作,根据所处的环境和时刻采取最高效的行动方案,确保行动的高效性。GTD 方法的具体执行过程如图 2-11 所示。

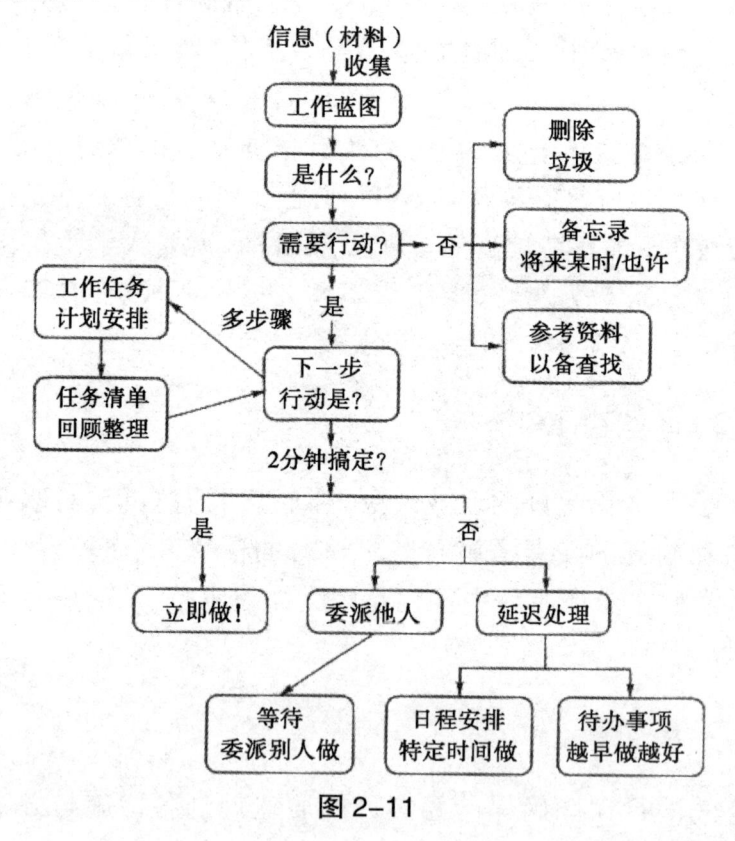

图 2-11

二、大学生职业规划的评价

自我评价是以个人的价值观念及个人知识能力的水平来进行的评价,大学生进行职业规划发展的自我评价有助于大学生了解自己目前所处的位置,明确未来发展目标,科学制订职业发展目标。

(一)自我评价的内容

大学生实施职业规划过程中应明确以下几点。
(1)自己的才能是否会充分施展。
(2)对自己未来职称、职务、工资变化是否满意。
(3)对处理职业生涯发展与他人关系是否满意等。

(二)自我评价的方法

1. 总结经验法

通过对以往自己的为人处事态度、行为等进行总结分析,分析自己取得过哪些成功,哪些不成功,原因是什么,除了客观因素外,自己存在哪些优势与不足。

2. 心理测验法

通过必要的心理测验,来了解自己各方面的优势与不足。在个人综合特点与职业选择方面还可以通过评估,来确定自己最适合的"人职匹配"的职业方向与目标。

3. 他人评价

在与人交往中,大学生可以通过家长、老师、同学、朋友对自己的评价和态度对自己有一个更加全面、客观的了解与评价。

4. 专家咨询

大学生可以到就业指导中心、专业咨询机构进行咨询，以为自己的职业发展提供更加专业化的意见和建议。

第四节 大学生职业规划修正

一、大学生职业规划修正的必要性

大学生职业规划是确保职业生涯规划有效性重要手段、是实现职业生涯规划目标的重要保证、是实施职业生涯规划目标的必经阶段，因此来说，大学生的职业规划应该是科学的、正确的、合理的。

同时，必须充分认识到的是，大学生职业规划是大学生对未来职业发展的预期和设想，其具有提前性，而且是对人的一生职业发展的概括性分析与计划，并不能预测到具体的职业按照实际中的各种事情和问题的产生，再加上国家的宏观社会经济环境与就业、创业政策也在不断发生着变化，这就使得大学生的职业规划与实际的职业发展情况并不一定完全相符，二者有可能出现偏差，为了确保各个阶段目标的顺利实现及实施进程的顺利推进，就必须要定期或不定期对职业生涯规划进行评估、修正。

实践证实，通过职业生涯规划评估与修正，可以发现前一阶段策略方案的施行及目标完成情况，并决定下一阶段的目标实施，进而决定向最终目标推进的进度。职业生涯规划的评估与修正是一个循环反复的过程，通常要经过施行、评估、修正、再施行、再评估、再修正等程序，直至达到最理想状态。

职业生涯规划修正是在评估的基础上，依据实际情况对职业规划的实施进行调整完善，确保职业规划的持续推进并最终实现职业理想。

二、大学生职业规划修正的要点

(一)调整职业方向

个体的职业发展受多种因素的影响,包括内部因素,外部因素;社会因素、经济因素、市场因素、行业因素、法律因素等,各种各样的环境和条件总是在变化的,确定了目标也可以根据实际情况进行修改和更新。

对大学生来说,就业环境的不断变化,使不断修正更新自己的职业生涯与发展规划成为必需。大学生应对自己的职业生涯发展不顺进行深入分析,如果是方向错误,应尽早进行调整,避免在错误的道路上越走越远。

大学生重新定位职业发展发现,应认真考虑清楚以下问题。

(1)你的人生价值是什么?
(2)你最感兴趣的事情是什么?
(3)你有哪些技能和条件?
(4)你是否好高骛远?
(5)你的人格特质是什么?
(6)你建立了自己的就业信息网络吗?

(二)调整计划和措施

及时地调整自己的计划和措施是保证目标实现的重要因素。在分析自身实际与目标之间的差距之后,需要制订一些具体的措施,比如参加专业技能培训、进行学习进修、参加实践锻炼等,这些措施可以具体到参加何种技能培训班,选择哪个老师、哪本教材进行学习,去哪家单位的具体岗位实习锻炼,或者到哪个公益组织当义工。

（三）调节心态

人的一生会遇到各种困难与挫折，也会遇到各种机遇与挑战，在职业生涯发展中也不可能做到一帆风顺或者终身不可翻身，面对职业生涯发展过程中的各种变化、变故，大学生应具有良好的心态，始终积极应对职业生涯发展中的各种事情，始终能保持自信、积极乐观、坚持不懈，如此才能成就一番事业。

大学生通过通过评估与修正职业规划，应达到如下目的。

（1）对自己的强项充满自信。

（2）了解自己的发展机会。

（3）找出关键的有待改进之处。

（4）为改进制订详细的行动改变计划。

（5）以合适的方式答复给予反馈的人，以示感谢。

（6）实施行动计划。

职业生涯规划是一个持续动态的过程，有效的职业规划需要不断确认职业生涯方向是否正确、职业生涯目标是否合理、职业生涯法发展策略方案是否恰当，职业规划应能不断适应社会、职场、自我的环境与条件的改变。大学生职业规划的评估与修正内容归结起来见表2-4。

表2-4　大学生生涯规划评估与修正

	测评	学习成绩排名		素质拓展总分		身体素质状况	
自我评估		发展性素质测评					
	获奖情况	1. 2. 3.					
	自我规划落实情况						
	经验与教训	1. 经验： 2. 教训：					

第二章 大学生职业规划

续表

父母评价与建议	1. 评价： 2. 建议：
同学、朋友评价与建议	1. 评价： 2. 建议：
教师评价与建议	1. 评价： 2. 建议：
成才外因评估	
职业目标修正	
规划步骤、途径及完成标准修正	

第三章 大学生择业

　　大学生科学择业对大学生个人理想的实现来说,是非常重要和关键的一个决策。现代社会竞争日益激烈,大学生就业形势日益严峻,大学生对于行业的选择正确与否直接关系到大学生未来发展方向是否正确。"好的开始等于成功的一半",正确的择业就意味着大学生在就业竞争和职业发展的道路上具有了更多的竞争优势、具有更多的成功的可能性,大学生通过职业分析,根据社会需要与自身特点科学择业,确定自我就业和创业方向,并以此规范和调整自己的思想与行动,为顺利就业、创业创造良好条件。本章重点就我国大学生就业环境与政策进行宏观调查与分析研究,对大学生的职业观念、职业展望、择业影响因素与干预进行深入分析,并结合社会经济发展现状分析了当前的热门职业,以为大学生了解社会发展大环境、树立科学择业观、认真审视自我发展方向和科学投入职业发展提供科学指导。

第一节 当代大学生就业环境与政策分析

一、当代大学生就业环境分析

(一)社会经济环境

　　大学生要正确选择职业就必须要对宏观的社会经济环境有所了解,整个社会经济环境的发展会直接影响到各个产业、行业的发展态势,因此,对于社会经济环境,大学生应该有一个最基本的认识,以便于为正确择业提供信息指导。

我国改革开放四十年来,我国整个社会经济环境和以往相比,发生了翻天覆地的变化。长期以来,投资、消费、出口,是我国经济增长的"三驾马车",这是从需求侧出发,对经济发展的分析,是从经济发展和运行结果对经济发展和运行过程的倒推和控制。在世界范围内,我国的经济发展重点长期以来放在工业生产方面,我国服务业发展滞后,金融、养老、医疗、教育等市场准入门槛高,在我国第三产业所占比重低。[①]

随着我国社会经济的不断发展,我国"过剩产能""中低端产品过剩,高端产品供给不足"等经济结构不合理导致的各种经济问题日益凸显,当前我国经济发展新常态下,结构调整是一种大逻辑、大格局、大趋势,中国经济发展面临着"供给侧结构性改革"。

随着我国经济结构的调整,全球竞争以及中国总体生活水平的提升,导致中国不能永远享受劳动力成本的优势,产业结构升级是必然趋势,对受过高等教育的专业人员的需求将有比较大的空间,国家创新战略的不断推出推进就是最好的证明。我国经济发展改革、产业发展改革,使得我国21世纪的社会经济发展将更多依赖高端劳动力群体。

进入21世纪以后,我国社会经济发展迅速,我国经济结构改革势在必行,当前,我国正处在一个社会经济重要的转折发展时期,整个市场经济产业结构、行业结构等都在不断进行调整,这对于大学生的择业来说是一个重要的变化,在择业前一定要对这些形势变化进行认真的分析,以免影响择业决策。

调查分析研究,没有牢牢抓住我国社会经济特点,大学生就业、创业、供给与需求基本割裂、脱节是当前大学生就业市场结构性矛盾突出的重要原因。一方面,企业"技术技能型人才用工荒",

---

[①] 宋立,郭春丽等.中国经济新常态[M].北京:中国言实出版社,2015.

另一方面,大量毕业生"难就业、慢就业"。[①]

经济增长与产业结构升级为大学生就业创造广阔的空间。具体分析如下。

首先,就业机会增多。可以说,随着我国社会经济的不断改革,大学生就业与创业将会有更多的选择机会,简单来说,一个国家、地区的经济发展状况会直接影响其劳动就业状况。大学生择业,不可避免的要受到当时的社会经济状况的影响,按照就业弹性系数计算,经济每增长一个百分点,可以提供 70 万~80 万个就业岗位。预计在今后几年里,中国经济将继续以 7%以上的速度增长,每年新增的就业岗位将至少达到 560 万个以上。[②] 新时期,我国经济发展结构的及时改革,将进一步有效解决我国经济发展中的各种问题,将促进我国经济发展状况的良好发展,将增大社会人才需求量,大学生的职业选择的机会就会更多。

其次,就业方向变化。从我国区域性经济发展来看,长期以来,我国东西部经济发展具有不平衡性,往往经济发展速度快的地区是大学生择业的热点。我国地域辽阔,各地潜在的经济需求是极大的。长期以来,大学生就业区域不平衡问题凸显,一方面,数以万计的大学生正以越来越大的规模涌向大城市和经济发达地区;另一方面,广大农村和欠发达地区尤其是西部地区存在着大量的空缺岗位需要大学生劳动力,但却无人问津。现阶段,通过西部大开发、改革开放、"一带一路"倡议,我国大中城市仍然保持着强劲的经济发展实力,同时,我国沿海的小城市与农村地区,以及广阔的中西部地区也迎来了新时期的经济发展转型期与发展期,从近年来我国大学生的就业地区流向来看,和前几年相比,大学生的"北上广深"的大城市扎堆求职就业的热潮正在逐渐减退。

[①] 林小明.创新驱动发展战略下高职院校学生就业工作供给侧与需求侧结构性改革研究——以广东省三线城市高职院校为例简[J].才智,2019(19):136-137.
[②] 李明,常素芳,陈学雷等.未雨绸缪——大学生职业生涯规划[M].北京:清华大学出版社,2014.

最后，就业层次变化。我国经济发展转型，对高素质人才的需求不断扩大，现阶段，中国同时兼具农业社会向工业社会转型、工业社会向信息社会转型，工业基础设施与信息基础设施的建设都是最为关键的经济发展平台。当前，高新科技产业的人才需求缺口较大，高级工程师、技师、分析师等的人才严重匮乏，大学生的就业学历也由 21 世纪初的以本科为中流砥柱，到现在的研究生学历层次大学生急速增长，高精尖人才在就业市场上更受欢迎。

综上所述，社会经济环境是大学生择业需要重点分析的就业信息，这对大学生的正确择业有重要的指导与启发作用。当前新时期，我国经济增长方式的转变和经济结构的调整以及科教兴国和可持续发展两大战略的实施，深刻影响着大学生的就业。

（二）社会文化环境

人具有社会属性，大学生从校园走向社会，要适应社会，在社会中生存与发展，就必须充分了解社会文化环境。人不能脱离社会，大学生更不能脱离社会凭空想象就能就业。在任何时候，对社会文化环境进行了解和认知，都是大学生进行科学职业规划、顺利择业的重要前提。

了解与分析社会文化环境对大学生科学择业的指导意义如下。

第一，从社会学角度来看，人的言行举止会受到社会文化环境的制约，社会文化环境是影响人们行为、思想的基本因素，个体的思想、行为、举止等都是在受到社会文化的熏陶之后得以形成的，成功的人士，必然是受到社会文化大环境所接纳、受到多数社会大众所认可的人，因此，认真分析社会文化环境，尤其是社会价值观，有利于大学生进行职业规划并选择最能实现个人价值，与个人社会价值观相契合的职业。

第二，了解与分析社会文化环境有助于大学生更好地把握就业与创业机会，了解国家或地区的政治、经济、科技、文化、法制建设、政策要求与发展方向，有助于寻找各种发展机会。

第三，了解与分析社会文化环境有助于大学生实现个人价值与社会价值的统一,大学生在高校环境中学习、参加各种活动,行为规范应符合学校的规定与要求,符合"学生"这一个身份要求,大学生一旦进入社会,就需要接受社会文化的熏陶和社会道德、社会规范制约,大学生处于一定的社会文化环境中,其各种活动必然受到所在社会文化环境的影响和制约。社会环境中流行的工作价值观、政治经济形势、社会产业结构的调整与变动、用人政策管理体制的变化、社会劳动力市场人才的需求与变化、对人的职业岗位的认同等因素,都对大学生在社会关系中、社会工作中实现个人价值和得到社会认可有重要影响,因此,大学生必须必须认真分析社会文化环境,尤其是社会价值观。

第四,了解与分析社会文化环境有助于大学生拓展国际就业视野,更好地融入当地文化,不同的国家、不同的民族,由于其文化背景不同,有着不同的风俗习惯和民族特色,大学生在其他国家择业、谋生存,就必须了解当地的社会文化环境。了解当地的居民教育程度和文化水平、宗教信仰、风俗习惯、审美观点、价值观念等,以更好地融入当地社会文化环境之中,获得当地经济文化发展支持,以便更好地开展工作。

第五,了解与分析社会文化环境有助于大学生的自我不断学习、深造,促进自我可持续发展。作为社会成员的每一个个体的职业生涯发展受到社会环境影响和制约,包括社会政治、经济、文化、科技、教育环境。社会文化环境尤其与教育条件和水平、社会文化设施等具有非常密切的关系。在良好的社会文化环境中,个人在学习、进修、深造等方面都可以得到更好的教育和熏陶,从而为职业发展打下更好的基础。

(三)社会心理环境

所谓社会心理,具体是指一定时期内人们普遍流行的精神状态,包括、要求、愿望、情感、习惯、道德、审美情趣等。

择业是一个需要慎重思考的问题,因为这将关系到大学生以后的人生道路发展,社会心理环境是由社会大众的共同心理所构

第三章　大学生择业

成的,对于大学生来讲,传统的就业理论和现时流行的就业意识形成了影响大学生就业的社会心理环境,其重要影响因素具体表现在以下几方面。

1. 社会时尚

社会流行与时尚,对社会中各成员的心理建设有重要影响,对包括即将毕业的大学生群体在内的社会大众生活的影响是非常广泛的,如生活领域(衣着、服饰等)、交往领域(语言、娱乐等)、价值观(政治、宗教等)、道德修养(道德、教育等)各个方面。

社会时尚具有时髦性、时热性、时狂性等特点,人们崇尚的行为取向就会表现出社会时尚运动,这对大学生择业的影响是不可忽视的,如大学生择业的"大城市热"、"外企热"、公务员热、考研热等,都是大学生择业的一种社会时尚。

在这里需要特别指出的是,大学生择业的社会时尚,尤其是就业热潮并非都对大学生的正确就业有正面促进作用,健康的时尚,会激发人们的责任感和使命感,形成正向行为导向;非健康或带有偏见的时尚,会造成人们思想意识的褊狭和行为取向的偏差,有时,大学生在择业时盲目跟风,并非好现象。

此外,时尚与社会舆论有关,大学生择业应分析社会时尚,同时也有自我的价值判断,应避免被误导,同时也要对职业价值有清楚的认识,不能仅通过工资的多少来衡量职业的好坏,每一个人都有自己适合的职业,应避免陷入从众、攀比、自卑等择业不良心理。

2. 父母及亲友的意见

受传统观念影响,我国家庭观念比较重,"父母之爱子,则为之计深远",我国大多数父母都非常注重孩子的发展,"望子成龙""望女成凤",对孩子的未来规划的控制欲比较大,在这样的家庭环境中的子女对父母的依赖性也非常大,在一些重大事情的决定上,往往会咨询或遵从父母的意愿,父母对大学生的择业观、择业方向的影响是非常大的,很多时候起到决定性作用。

我国大学生一直以来存在一个注重理论、缺乏实践发展的问题,因此面对择业,毫无经验与头绪,往往就会放弃选择,而让父母、亲朋好友替自己进行选择,有很多大学生缺乏自主的勇气,依赖于父母的经验,择业由父母做主;也有大学生的父母从业境况或能力原因,征求有影响的亲友意见;有父母觉得子女生活阅历浅,对子女控制欲强,不允许子女自己做主;当然也有父母鼓励子女自主择业。不同的择业方式对大学生的择业结果的影响是不同的,对周围人的参考意见的信赖程度与认同程度将决定大学生的最后择业方向。

3. 老师的参谋作用

　　改革开放前,计划经济条件下,大学生的就业岗位是在辅导员、班主任和其他老师共同参与下决定的,老师的意见起主导作用。

　　当前市场经济条件下,大学生在择业方面有了更多的自主选择权,但是学生对教师的认可和崇拜会使得很多大学生都愿意听从教师的指导,也有大学生跟随教师从业的。

　　对于即将毕业的大学生来说,专业教师对本专业的情感和对某一类或某种职业的认同。思想教育和就业指导老师的意见也会很大程度上影响大学生择业行为,大学生对教师的情感与专业性评价程度,将影响大学生是否听从教师意见和建议择业。

4. 性别差异

　　长期以来,男女所面临的就业压力是不一样的,男女性别差异所导致劳动能力和工作时间的差别是客观事实,此外,女大学生还将面临着成家、为母之后家庭与事业的平衡问题,这些问题是女大学生需要考虑的,同时,也是招聘企业需要考量的。

　　因此,男女大学生对比来看,男大学生比女大学生的就业范围更广、就业竞争力更强。

　　现阶段,女大学生主要面临择业心理压力来源有如下两种情况。

其一，女大学生择业范围狭窄，对有些可以适应的职业岗位有畏难情绪，有不如男同学的心理定式。

其二，考虑到女大学生结婚、生子，很多企业和单位从本部门利益出发，不愿意接收女毕业生。

(四)行业环境

古话说："女怕嫁错郎，男怕入错行。"由此可见择业的重要性。大学生择业之前，不仅要了解社会大环境，也要对行业环境进行充分的了解与分析。如果说社会环境是大学生择业应该考虑的宏观环境，那么行业环境就是大学生择业需要考虑的中观环境。

行业发展关系到企业的发展，行业环境是企业生存和发展的空间，是与企业关系最为直接、密切的外部环境，直接影响着企业获得利润的多少，是企业进行战略选择的基础。行业环境将直接影响着企业的发展状况，进而也影响到个人的职业生涯发展。

1. 重点行业信息

科学择业，要求大学生应了解行业环境的以下信息。

首先，了解行业归属，大学生应了解拟选择的职业所属行业的环境，应了解将要从事行业，是传统制造业还是高科技产业，是能源产业还是新兴服务业，了解该行业的核心竞争力是什么，分析该行业在整个社会经济发展中的现状、前景、优势、劣势、人才需求情况等。

其次，了解行业政策，大学生应了解拟选择行业的发展政策，国家对此有无政策性的扶持，是否有适合提高自己就业竞争优势和未来职业发展的优势。

再次，了解行业待遇，大学生应了解拟选择行业的职工的薪酬待遇，有无自我发展的机会，内部竞争是否公平等。

最后，了解行业进入门槛，大学生要进入到某行业中去，就必须要了解该行业的进入门槛，如需要具备哪些素质，相关从业资格证书等。

2. 行业生长期

从我国教育发展现状来看，通常情况下，大学生从进入大学那天，其专业就决定了其未来的择业方向，如服装设计、土木工程等；但也有很多专业并无行业现状，如会计、秘书、翻译等。因此，大学生应对自己的目标发展行业进行分析，分析行业发展现状，分析目标行业处于生命周期的哪个阶段：引入期、成长期、成熟期、衰退期。衰退期的行业要慎重加入。

3. 重大事件影响

行业是企业的集合，与职业不同，相当量的企业组合在一起构成一个行业，在同一行业内，可以从事不同的职业。如保险业中的业务员、HR。

一个行业的发展往往会受到重大政治、经济、文化事件的影响，如北京申办2008年奥运会的成功给北京的建筑业、旅游业都提供了更大的发展空间和就业机会。当前2022年北京冬奥会举办临近，同样又给建筑业、冰雪旅游业的发展带来了发展空间和较多的就业机会。

大学生进行职业规划，科学择业时，应结合社会大环境的发展趋势，分析行业环境，当前信息社会，科学技术发展突飞猛进，会使很多传统行业逐渐萎缩、消亡；同时，也有很多极具发展前途的朝阳行业不断出现、蓬勃发展起来。同时，国家政策的颁布对于一些行业的生存发展来说具有重大的影响，政府会根据经济与社会发展状况对一些行业发布相关的法规和政策，大学生要考虑行业自身的生命力，也要考虑和研究国家对相关产业的政策，要尽量选择那些国际、国内发展形势好，政府鼓励与支持，有前景、发展空间较大的行业。

（五）职业环境

职业环境有广义和狭义之分，广义的职业环境是指职业发展的大环境；狭义的职业环境是指具体职位的工作环境，如劳动条件、人际关系等。

职业环境是影响大学生择业的一个重要微观环境,大学生择业前,应对职业环境有一个清楚明确的认知,通过职业环境分析弄清职业环境对职业发展的要求、影响及作用,综合多个要素不断衡量、评估,最终做出正确的决策。

1. 职业环境信息

大学生了解与分析职业环境,应充分掌握以下信息。

(1)职业在社会大环境中的社会地位、发展状况、技术含量、社会地位、未来发展趋势等。

(2)职业环境内部的社会分工、专门知识、职业技能、创造财富方式、报酬水平、满足需求等。

2. 大学生职业环境认知渠道

(1)通过网络媒介了解职业环境。

(2)利用各种实习机会了解职业环境。

(3)经验交流。大学生可以通过参加各种讲座,或者与目标职业的从业人员进行交流,或朋辈交流,了解更多信息。

(4)职业咨询。向专业人士咨询。

(六)组织环境

组织环境的全方位了解,是大学生进入职业领域的重要一环。要进入某个组织就业,首先需要对该组织的内部文化、发展历史、组织机构、领导团体、管理理念、发展战略等进行了解,具体分析如下。

1. 了解组织声誉与形象

大学生要想在某个企业就职,首先是了解到该企业在本行业中的知名度与美誉度,这对于大学生来说是非常有吸引力的一个择业因素。

大学生在进入组织前,应认真分析组织的声誉与形象,这样可以增强企业文化认知,同时,也能有效防止进入就业陷阱,被一些不正当的公司欺骗。

2. 了解组织实力

大学生可以通过以下几个方面了解组织实力。

(1)组织目前的产品、服务和活动范畴是什么。

(2)组织的发展领域在哪些方面?发展前景如何。

(3)组织的战略目标、核心技术如何。

(4)组织在本行业中是否具备很强的竞争力。

(5)组织正处于发展扩张,还是倒退紧缩、衰退阶段。

(6)组织的竞争对手是谁。

(7)组织的目前的财政状况如何。

(8)组织的生命力如何,是真正"做大"、"做强",还是空有其壳。

(9)组织的企业结构是怎样的。

3. 组织领导人

很多成功的大企业都有一位出色的企业家,一名优秀的企业家、社会知名人士本身也具有"明星效应",可吸引大学生在某个行业、职业或企业去寻找就业机会,并希望像自己的偶像那样,去干一番事业。

组织的领导人能处于组织结构的上层必然有其过人之处,大学生可以通过对组织领导人进行分析与了解,来参考择业、就业。

4. 组织文化

对任何一个求职者来说,都希望自己的工作能有很好的福利、吸引人的薪酬、舒适的工作环境,优秀的组织还会创造积极的组织文化,让员工感到工作的快乐,并能在工作中受到尊重,求职时选择什么样的组织文化对于大学生来说也是非常重要的。

此外,大学生还应该了解组织的一些与个人在组织内部发展相关的制度,如管理制度、用人制度、培训制度等,尽可能了解这些信息,分析对自己的未来可能带来什么样的影响。

二、当代大学生就业政策分析

随着我国高校教育的招生人数不断增多,我国每年毕业的大学生人数也在不断增多(图3-1),据不完全统计,2019年,海归毕业生人数与本土毕业生人数共计将近900万,[1]大学生就业形势严峻。如此多的大学生,企业和社会如何消化,是个难题。

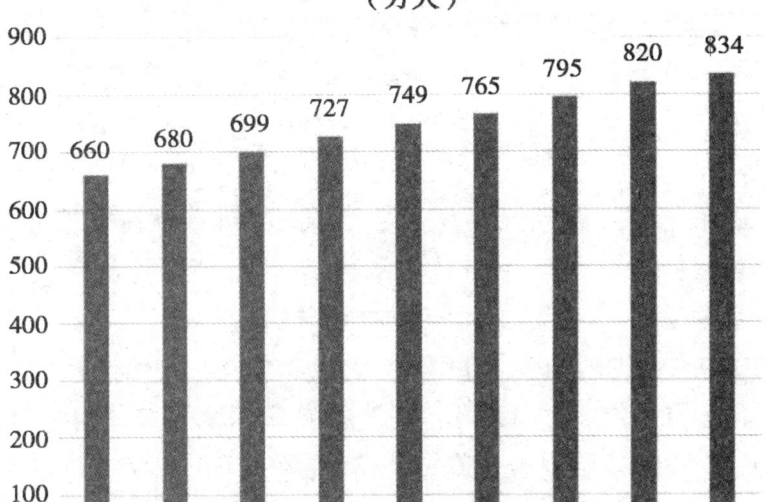

2011—2019年全国高校毕业生人数统计及预测情况（万人）

2011年	660
2012年	680
2013年	699
2014年	727
2015年	749
2016年	765
2017年	795
2018年	820
2019年	834

图3-1

2019年,在一项针对全国381所高校大学生的调查显示,近9成大学生对就业前景担忧,超5成大学生选择考研,超7成大学生优先考虑在一二线城市择业,超8成大学生期望薪资在5 000元以上,超4成大学生就业时优先考虑"个人发展前景",超8成大学生选择边就业边择业。[2]

面对严峻的大学生就业形势,我国每年都会积极出台一些相

---

[1] 颜笑,赵欢君,陈睿.大学生就业环境认知偏差原因及应对措施研究[J].现代营销,2019(8):24.
[2] 王旭东.大学生就业需"画出最大同心圆"[J].中国就业,2019(7):55.

关就业政策,支持和鼓励大学生就业。

大学生就业政策是国家在一定时期内的人力资源配置的行动准则,体现了该时期的社会发展需要,大学生择业与就业应该遵循。对于大学生来说,国家的人事政策、劳动政策、职业方针以及法律、法规政策、经济管理体制、人才培养与流动等政策与规定都会对大学生的择业与就业产生重要的影响。

近年来,我国相继推出的大学生就业相关政策对大学生择业具有重要指导作用。

从2003年开始,我国先后实施了一系列引导高校毕业生到基层就业的项目,如"三支一扶计划""大学生志愿服务西部计划""农村义务教育阶段学校教师特设岗位计划"和公务员招录政策等。

2004年4月26日,中国发表《中国的就业状况和政策》白皮书。这是中国政府第一部专题阐述就业现状和就业政策的白皮书,为历届大学生就业与择业提供了方向指导。

2009年,我国政府高度重视毕业大学生就业,将其放在就业工作开展的首位,专门下发《关于加强普通高校毕业生就业工作的通知》,出台基层就业、服兵役、考公务员等重大政策,极大地拓宽了毕业大学生就业范围与渠道。

2013年,人力社保部、财政部联合发文《关于进一步完善公共就业服务体系有关问题的通知》,明确了公共就业服务"保基本、可持续、均等化"的基本原则。

2016年以后,我国在鼓励大学生就业方面的政策更加完善,主要侧重以下几个方面:(1)鼓励和引导毕业生到城乡基层就业;(2)鼓励毕业生到中小企业、非公有制企业就业的政策;(3)鼓励骨干企业和科研项目单位积极吸纳和稳定高校毕业生;(4)鼓励和支持高校毕业生自主创业;(5)对困难毕业生的就业援助。大学生的就业通道更加畅通,政府为大学生就业扫清了就业歧视、落户等各方面的顾虑与障碍。

2019年,国内834万大学毕业生,毕业生数量再创新高,为应对毕业季,从国家到地方层面都出台了支持和鼓励大学生顺利就业的各种配套政策:如提供求职创业补贴、严禁就业歧视、放宽落户条件等,为毕业生就业保驾护航。

第二节　大学生职业观念与职业展望

一、大学生职业观念

"优胜劣汰,适者生存",作为当代大学生,认识职业适应的基本规律,掌握职业适应的基本要求,主动地、尽快地适应职业生活,这既对当代大学生的成才和发展具有十分重要的意义,对职业的适应是大学生社会化的重要阶段和组成部分,是当代大学生融入社会的重要一步。

(一)职业观

1. 职业观的概念

职业观(Professional Ideology)是人们对某一个特点职业的看法与态度,是个人对职业的根本观点,是个人世界观、价值观、人生观在职业问题上的反应。[①]

在社会生活中,某一职业的职业化程度越高、职业的社会地位就越固化,对从事该职业人员的社会角色认定就越明确。

2. 职业观的演变

计划经济体质下,我国大学生就业实行"国家统一分配"的政策,1995年之后,我国逐步驱力了大学生毕业生"以市场为主导,政府调控与学校推荐相结合,学生与用人单位双向选择"的就业模式。

---

① 曲振国. 大学生就业指导与职业生涯规划 [M]. 北京:清华大学出版社,2015.

从计划经济到市场经济,我国的大学生职业观在不断发生着变化,突出变化主要表现在以下几个方面。

(1)从"关注社会"向"关注个人"转变

市场经济发展初期,我国大学生在毕业择业时有了更多的自主选择权,他们更加积极主动地去追求个人价值的事项,在是社会发展与时代进步的表现,但也出现了大学生择业的"社会责任感"逐渐降低的现象,大学生择业时更多考虑的是个人的利益和需要,为实现择业愿望甚至不择手段,有大学生伪造证书、杜撰工作经验,还有大学生跳槽频繁,这些都表现出大学生个人本位的职业观念。

(2)从"精神追求"向"功利化"转变

市场竞技环境下,大学生面对社会中的各种关系的分析更加现实,职业定位往往会追随市场发展热门,职业观务实和功利化,大学生在择业时,很少将第一份职业作为实现理想的事业而倾尽心血奋斗,而更多的是作为谋生手段,先就业再择业,"骑驴找马",以经济利益为导向。

(3)从"目标一元"向"目标多元"转变

新中国成立初期,当时大学毕业生的择业目标更多的是建设祖国,报效祖国。

当代大学生的职业观表现出多元化特点,有回报父母养育之恩的,有追求自己美好生活的,有坚持为国家奉献的,也有拜金和崇尚权利的价值观,不同的职业价值观下的大学生的择业方向不同,职业发展道路上的奋斗精神也不同。

在新时期,传统"求稳怕变"重视"铁饭碗"的大学择业观念受到严重冲击,大学生择业更多从自我发展需要出发,他们年轻,有试错的机会,在进入某一行业之后如果职业不符合自己的愿望,能敢于放弃,重新择业,自由、竞争的职业观念是大学生职业观的重要表现。

（二）现代职业观念新特点

1. 创业观念

"创业"，在现代社会，已经不是一个新鲜词了，中国共产党早在十七大报告中就提出了实施扩大就业的发展战略，强调"以创业带动就业"，要"完善支持自主创业、自谋职业政策，加强就业观念教育，使更多劳动者成为创业者"。创业，是扩大就业发展战略的重要内容。胡锦涛同志在十七大报告中指出："实施扩大就业的发展战略，促进以创业带动就业。"培育大学生的创业精神是时代潮流，大势所趋。

对于大学生来说，创业，是高质量的就业，不仅能通过职业发展实现理想，还能为社会创造一些就业机会。

2. 事业观念

"事业"一词在我国古代就已经存在，《易坤》曰："而畅于四支，发于事业。"《疏》曰："所营谓之事，事成谓之业。""事业"可解释为"成就"。

《现代汉语词典》中将"事业"定义为："人所从事的，具有一定目标、规模和系统而对社会发展有影响的经常性活动。"

结合"事业"的词义与职业观的内涵，可以了解到，所谓事业观，就是个体对事业的根本看法与工作态度，是人生观的重要内容之一。

任何一个社会中的人，包括刚毕业的大学生群体，要想在事业上有一番成就，就必须把职业作为"事业"，不仅将工作作为谋生手段，更要在工作中融入自己的理想和信念，不断增强自我社会责任感，促进自我价值和社会价值的事项。

"事业观"对于个体来说，可以使职业成为一种信仰，使个体能在工作中有为自己理想源源不断奋斗的动力，踏实工作、努力工作、热爱工作，并有所成就。

个体从事任何职业都应树立事业观念,具体应做到以下几点。

(1)把兴趣变成事业,运用兴趣成就事业。兴趣与事业二者相互贯通,让兴趣作为个体事业发展的最大助力。让自己在愉悦心境下忘我地投入,练就事业发展的核心技能,获得事业成功。

(2)坚定目标,为事业的成功勇于探索,实现事业愿望是自我事业发展进步的"驱策力","职场"中人应寻找一个自身愿意为之奋斗终生的目标,并为了目标实现而努力奋斗。

(3)具有事业精神,包括创新精神、冒险精神、合作精神,创新是事业精神的灵魂;敢于冒险可增加成功的砝码,推进事业的发展;合作能增强团体竞争力,并实现共赢。

3. 志业观念

所谓"志业",指个体的事业不仅达到了自我实现的需求,而且实现了"自我超越","志业"是人生的最高境界,不受金钱、名利的约束。

人的生命具有"三重性",即人有"生理生命"、"内涵生命"和"超越生命"。"生理生命"指人作为生物体而存活;"内涵生命"指人生的丰富程度;"超越生命"是人对生理生命及其限制的超越努力,即寻找永恒目的的冲动与努力。从人的生命三重性来看,人生的意义在于人生目的或价值的寻找,当个体在实现人生目的时会有一种主观上的愉悦,这就是幸福感。人类的终极价值,就是找到人类生活的意义,这就是人类最大的事业。[①]

因此来说,"志业"者是找到了人生目的的那一部分人,他们通过自身的工作来丰富自己的人生,同时也惠及他人,一个人对他人越有用,就越有社会价值。实现了自我价值与社会价值的统一,从职业中获得幸福感、社会认同感。

(三)大学生正确的职业观

大学生正确的职业观,总结来看包括以下几个方面。

---

① 曲振国.大学生就业指导与职业生涯规划[M].北京:清华大学出版社,2015.

（1）专业观念：要求个体在本职工作中有很强的专业能力和专业水平，是专家。

（2）敬业观念：勤勉努力、热爱本职工作，敬业是现代职业人的重要品质。

（3）乐业观念：发展中领略乐，奋斗中感知乐，竞争中体味乐，专注中享受乐。从职业中领略人生趣味。

（4）创业观念：有勇气去开创新业务、建立新目标。

（5）务实观念：实事求是，有实干精神。

（6）诚信观念：真诚、讲信誉，言必行、行必果。

（7）发展观念：有自知之明，能快速适应工作转变、职能转换和职位变迁，顺利渡过职业疲劳和职业倦怠期，持续发展。

（8）和谐观念：正确处理好家庭、事业，身体、朋友等各个方面的关系，找到平衡点。

二、大学生职业展望

（一）职业发展趋势

国际大环境的发展趋势对一个国家、地区的社会、经济等的发展是有重要影响的，也会波及到个人的生活、工作，可能对大学生择业产生影响。对当前国际环境发展分析如下。

1. 全球化发展趋势

全球化是指全球范围内的各方面联系的日益紧密，整个地区发展成为一个"地球村"。约翰·奈斯比特在《2000年大趋势》一书中称："我们所处的时代，变化速度之快，前所未有，其中最惊人的变化也许是全世界正迅速成为一个统一的经济体。"未来的世界是全球化的世界，择业与创业呈现出全球化的趋势。

全球化发展国际大环境与发展趋势对大学生择业影响表现在如下两方面。

（1）部分高层次职业由发达国家转向发展中国家

发展中国家拥有大量廉价人力资源，为节约人力成本，发达国家的跨国企业会将一些芯片设计、软件开发、工程技术、研发以及金融分析等智力密集型任务外包给低工资国家，降低成本，提高竞争力。

（2）全球化影响着国内职业的调整变化

经济的全球化发展，中国加入WTO，对我国的经济发展来说既是机遇又是挑战，为提高我国企业在世界市场竞争中的竞争力，我国必须不断调整生产技术，一些高新科技职业在这一时期迅速发展起来。

经济全球化发展大背景下，知识经济受到重视，以知识经济为主体的相关行业与企业其职业要求是有经济管理经验，能跟踪国内外行业科技发展状况，把握企业经济发展方向，企业发展更加注重引进高层次人才、发展高新科技。

2. 信息化发展趋势

当前社会已经进入信息化社会，信息化是指由计算机和互联网生产工具的革命所引起的工业经济转向信息经济的一种社会经济过程。它包括传统产业、基础设施、生产方式、生活方式的信息化以及信息技术产业化等方面。

21世纪以来，信息化与经济全球化相互交织，全球经济结构不断调整，我国重视信息化发展，并通过《2006—2020年国家信息化发展战略》明确了未来我国信息化发展的重要任务，以持续推进国民经济信息化，应对经济全球化、提高国际竞争力。

信息化发展为我国职业发展带来了新的发展机遇，在信息化发展背景下，工业化、城镇化、市场化和国际化进程的加快，大学生的择业方向更多倾向于信息、通信、网络，充分表现出大学生择业与社会经济发展需求的一致性。

3. 高科技产业化发展趋势

高科技是对人类社会发展进步有重大影响的前沿科学技术，

联合国组织对高科技的分类包括以下几种。

（1）信息科学技术。

（2）生命科学技术。

（3）新能源与可再生能源科学技术。

（4）新材料科学技术。

（5）空间科学技术。

（6）海洋科学技术。

（7）有益于环境的高新技术。

（8）计算机智能技术和管理科学技术（软科学技术）。

当前经济发展新时代，大学生越来越重视专业技能技术的学习，注重深造和专业知识与技能培养，以希望能在高新技术产业与行业中谋求发展，社会中具有旺盛生命力的职业往往是需要从业者具有较高技术水平的职业，这些职业也往往是高薪职业，是大学生都梦寐以求的职业。

4. 文化创意产业化发展趋势

新时期，随着我国国家经济实力、政治实力的不断增强，我国国家文化软实力也在不断增强，习近平主席在多个场合的重要讲话中，都强调要"建立文化自信"，文化兴则国兴，以文化为发展经济的理念，依靠的是文化资源优势。

在当前市场经济中，越来越多的企业开始生产文化创意产品，这些产品以创意和知识为核心，具有精神内涵，文化、科技与经济互相渗透、互相交融、互为条件、优化发展，在市场竞争中具有较强的市场竞争力。

近年来，随着文化产业的兴起，创意产业成为创业领域的关注热点，如"故宫文创"就是最典型的文化创意产品，以传统宫廷文化与现代美妆、饰品、食品、文具等相结合，各系列产品一经问世，备受消费者关注和青睐。

可以预测，在当前和未来相当长的一段时间内，创意产业将将成为新一轮经济发展水平与国家软实力竞争的重要指标。

文化创意产品需要创意人才,全世界范围内的"创意浪潮"为大学生择业提供了新的职业发展方向。具体来说,要成为在职场上备受欢迎的创意人才,大学毕业生应具有以下技能与能力。

(1)专业功底深厚,有深厚的专业背景、技能,经验丰富。

(2)敏锐的市场嗅觉,对新生事物和变化敏感,能在第一时间接受最新的信息。

(3)有创新意识与创新能力,不墨守成规,不安于现状,不断突破、不断创新。

(4)包容,兼收并蓄。

(二)新职业的产生与发展

职业并非一成不变的,随着社会的不断发展,有旧的职业消亡,也会有新的职业出现。

新职业,具体是指社会经济发展中已经存在一定规模的从业人员,具有相对独立成熟的职业技能,没有被《中华人民共和国职业分类大典》收录的职业。包括:全新职业、更新职业两大类。

自2015年,我国颁布国家职业分类大典以来,2019年4月我国首次发布新一批的职业,具体包括以下13类。

(1)人工智能工程技术人员。
(2)物联网工程技术人员。
(3)大数据工程技术人员。
(4)云计算工程技术人员。
(5)数字化管理师。
(6)建筑信息模型技术员。
(7)电子竞技运营师。
(8)电子竞技员。
(9)无人机驾驶员。
(10)农业经理人。
(11)物联网安装调试员。

（12）工业机器人系统操作员。

（13）工业机器人系统运维员。

新职业的出现为大学毕业生的就业提供更多选择机会,大学生的职业选择自由度会大大增加。

第三节　大学生择业影响因素与干预

一、社会因素

（一）社会需求

大学毕业生数量每年都在增长,但是社会上的企业数量是有限的,大学生的就业率的高低就在于社会上各企业对求职者的消化能力如何,长期以来,社会企业职位供应数量与大学生数量对比来看都是供不应求,社会劳动力需求数量小于大学毕业生数量。

具体分析来看,社会对职业的需求源于以下两个方面。

其一,既有的社会职业需求。

其二,社会上比较稀少和仅仅具有可能性的职业需求。

大学生择业,应对社会劳动力需求情况进行分析,并认真分析供给结构平衡状况,尽量选择人才稀缺、有更多机会的职业。

（二）政策导向

法律、法规、经济政策等,对大学生的择业影响是非常大的。

目前,我国正处于社会经济发展转型期,各方面的相关政策正在不断调整与完善当中,政策、制度变化也很大,这些政策、法律的变化,不仅对企、事业单位盛衰影响很大,也会影响到整个行业的兴衰,大学生择业一定要考虑制度、政策影响。

很多行业的兴衰是和政府的导向密切相关的,大学生择业之前,要充分关注国家政策,了解哪些产业、行业是国家提倡、支持倡导的,哪些是国家限制发展的,把握政策导向、了解行业发展趋势,正确择业。

（三）社会环境

1. 社会文化

正如前面所提到的,社会文化环境对大学生的职业选择是有重要影响的,良好的社会文化环境能更有利于大学生就业与择业,从个人发展的角度来看,在良好的社会文化环境中,个人能力受到良好的教育熏陶,大学生能坚持自我素质与能力的不断学习与提高,以为职业生涯奠定良好的基础,对于大学生高效择业具有重要意义。

2. 社会心理

不同时期的大众社会心理不同,如封建社会的"女子大门不出二门不迈","男主外女主内"。

现代社会,在市场发展中,也会存在一些行业歧视、劳动歧视等。还有一些传统的社会观念也会会影响整个社会对求职者的一些不当的看法,这些会令一些大学生处于可能遭到拒绝的顾虑而犹豫不定,甚至放弃去某个行业的职业岗位求职。

3. 信息

现代信息社会,掌握越多的有效信息,就越有可能在职场竞争中获得主动权,对于大学生来说,掌握与职业发展有效的信息,有助于为大学生的择业提供有效的参考。

4. 机遇

个人在社会中的发展,受很多不确定因素的影响,在大学生求职与择业过程中,有一些大学生选择从事某项职业也许并不是出于个人的能力或者偏好而是某次偶然的机遇,这种情况也是存在的,但必须指出的是,机遇不是总会主动降临到求职者身上,大学生求职择业应该主动出击,而且应该做好足够的准备,具有一定的专业知识与技术能力,否则即便是有机遇降临,也会溜走。

二、行业与组织因素

(一)行业环境

1. 行业发展现状

择业之前,了解行业发展前景,以免"入错行",大学生应了解想要从事什么行业?适合从事什么行业?自己能从事什么行业?这些行业目前是怎样一个发展趋势,是否有一个良好的发展前景。

2. 行业发展前景预测

要预测一个行业的发展前景,应重点关注以下两个方面。
(1)行业自身的生命力,是否有技术、资金支持等。
(2)要考虑和研究国家对相关行业的政策。

(二)组织环境

组织环境对大学生择业的影响主要表现如下。

1. 组织的发展战略

组织的发展战略会影响组织员工的个人发展机会,如果二者的吻合度高,个人得到发展进步的几率就高,反之则个人潜力难发挥,抱负难实现。

2. 组织的发展态势

组织发展的态势,对大学生选择职业方向有巨大的影响。组织或行业发展前景好,则就会对求职者有很大的吸引力。

3. 组织选人用人要求

组织选人、用人要求，对大学生择业影响是巨大的。如果大学生不能达到目标组织的职业和岗位要求，自然就不能顺利就业。

4. 组织待遇

大学生择业应充分了解组织待遇、薪资构成、福利等，大学生可以为实现自己的理想而"忍辱负重"，但是也应该保障自己的基本生活，同时，组织的相关待遇规定不能违背国家的相关法律制度。

三、职业因素

（一）职业地位

职业地位，具体是指职业在社会、在职业体系中的位置。简单来说，就是职业的社会知名度、美誉度。

任何一个人都希望能在知名的大公司、大企业就职，如一些大学生从小就立志要在政界、商界有所作为，择业目标投向公务员、国企、世界500强公司。当然，大学生择业有崇高的理想是对的，但是不能好高骛远。

大学生择业，要对择业单位的社会地位和声望做具体分析。一个职业地位高、声望好的组织单位，一定是对员工有较高的要求的，大学生应充分考虑自己是否具备获取知识、运用知识和创新知识的能力，这是大学生在激烈的国内、国际竞争环境中成败的关键。

大学生在初次择业与就业时，往往不是从事的自己的理想职业，但是不要灰心，应以发展的眼光看待问题，正确看待初次就业，寻找那些有潜力、有发展机会的职业，在工作中积累经验，不断提升自己，以便有朝一日能获得理想职业。

（二）职业岗位

职业岗位数量的增加来源于经济全球化、产业结构调整以及西部大开发这三大策略的实施。

首先，经济全球化速度的加快，贸易活动频繁，业务往来增多，劳务需求量大，就业的数量将会大大增加。

其次，我国产业结构调整也会影响就业需求。近年来，我国大力发展第三产业，同时，随着产业中技术与知识含量的增高，社会分工的基础从体力为主逐步发展到以脑力（智力）为主，社会服务行业相继出现一系列新兴职业，这些变化都将为不同产业与行业的就业岗位需求发生变化，大学生应注意了解与分析这些情况。

（三）职业发展

随着时代的进步，大学生在择业和就业时，应越来越重视根据职业发展的趋势及其特点选择职业。

1. 第三产业职业变化

新时期，我国市场经济发展迅速，随着市场经济的快速发展，产业结构调整不断加快，三大产业的职业结构也产生了重大变化。从我国来看，虽然当前从事第一、第二产业的人数仍然较多，但仍有所下降，而第三产业的人数则显著增加，我国产业结构调整加快，生产力较低、技术水平较低、经营不善行业萎靡，同时，也有某些行业迅速发展了起来，如交通、通信、金融、社会服务等，大学生面临就业形势险峻，应密切关注国家社会经济发展新动向，更多在第三产业中寻找就业机会。

2. 所有制结构变化

随着改革开放的不断深入，我国所有制结构不断调整和完善，这也为大学生就业创造了一个较为宽松的良性环境。

改革开放以前,我国所有制结构形式单一,大学生就业渠道狭窄,大学生的就业观念和意识也多认为,在大城市、大单位就业才是就业,目光高远,往往"高不成低不就"。

改革开放进入到今天,我国已经形成了以公有制为主体、多种所有制经济共同发展的新格局,大学毕业生的就业范围更广,就业观念也在不断发生转变。据《2011年中国大学生就业状况(首选)调查报告》显示,2011年我国大学生就业追求中"行业发展前景""与自己专业对口""个人发展机会多"等是其首要考虑的因素。2012年至2017年,我国大学生的"北上广深"热潮高涨,近两年这种趋势有所改变。大学生就业越来越理性化,越来越考虑到自身发展与社会发展的共同需求,据调查显示,在政策支持下,近两年,我国大学生创业人数不断增多,还有很多大学生放弃"铁饭碗"到三资企业任职。多种经济主体在市场中的共同生存,给了大学生择业与就业更多选择。

3. 职业准入制门槛变化

随着市场经济制度的不断发展,我国各行各业都重视人才的发掘与培养,对从业者的素质与能力要求越来越高,有很多职业都增设了职业准入门槛。

目前,我国很多职业都要求从业者具有职业资格证书,如律师、会计等职业都要求从业者持有资格证书,学历文凭,体现出职业资格证书和学历文凭并重的特征。大学生要想增加就业与择业砝码,就需要不断提升自己,重视实践技能的培养。

四、家庭因素

家庭是影响制定有效决策的一个重要因素,每个人从出生伊始就受到家庭环境的影响。家庭影响力,对一个人的职业生涯规划会产生很大的影响。具体分析如下。

(一)家庭期望

家庭对大学生的期望大小不同、高低不同。期望值较低的,容易使大学生选择那些与自己爱好、能力等相匹配的职业方向。期望值高的,大学生选择的职业方向相对而言就是社会上的热门,社会地位和收入等都较高。

(二)家庭支持

家庭对大学生选择较好职业的支持态度是勿庸置疑的,但支持力度不同,这与家庭成员的社会地位、经济条件、社会关系等有重要影响。

一些大学生的父母比较强势,会左右大学生的职业选择。如果家庭成员之间不能在义务、责任、经济、价值观等方面达成共识,就会使得个体决策出现问题。

大学生在择业过程中,如果没有家庭的支持,或家庭支持的力度太小,大学生在选择职业方向时,就会将自己的兴趣、爱好等打折扣,而转向更容易受到家庭成员认同的职业发展方向上去。

(三)家庭需要

任何家庭都有正常的需要,这些需要对大学生选择职业方向也会有影响,如家庭成员中有患疑难病或慢性病的,大学生选择医药职业方向的几率就会高。

此外,父母的职业也会对大学生的择业产生影响,可表现出"两极分化"的现象,具体分析如下。

一种情况是,父母认为自己的职业发展稳定,社会关系良好,就会愿意和鼓励子女也从事父母这一条职业发展道路。

另一种情况是,父母从事某项职业很辛苦,希望子女能更轻松一些,会不同意或不赞成子女选择和自己一样的职业。

也有一些大学生因为父母从事某种职业,会对某种职业有深人的了解,会崇拜父母,跟随父母职业发展路线择业,或者不愿像父母那样生活,所以坚决不选择与父母相同的职业,而走上一条完全与父母职业不同的职业道路。

五、个人因素

(一)客观条件因素

个人的客观条件因素是不以个人意志为转移的因素,包括身体条件、性别、年龄差异等。个人的客观条件因素有时在择业时是有利的,有时也可能是不利的。

健康的身体是人职业生涯的首要条件。几乎所有的职业都需要有健康的身体,拥有成功的职业生涯的人更加关心健康。

对于大学生来说,年龄因素具有可塑型高、精力旺盛,无家庭负担,年轻有活力的就业优势,但也面临工作经验不足的劣势。

(二)兴趣因素

兴趣对人生事业的发展至关重要,它既是影响人择业最主观的因素,也是判别一个职业是否适合自己的关键因素。

对于任何一个人来说,包括大学生,无论是学习、工作还是参加某种活动,如果没有兴趣,就不会有较高的效率,就不会有动力去付出百分百的努力,因此,大学生择业应充分考虑自己对哪些职业感兴趣。

(三)性格因素

个人的行为受多种因素的影响,性格、气质、兴趣、能力等都是影响个人的决策与行为的重要因素。

人的性格千差万别,性格对一个人职业生涯发展的影响是非常直接的,有什么样的性格就会有什么样的未来。或热情、或沉着、或羞怯、或急躁。

大学生的性格会影响大学生职业选择。例如,有些大学生独立思考的能力很强,有主见,会积极思考个人职业发展道路问题,做出正确决策,有些大学生缺乏主见,面对择业"临时做决定"。

职业心理学的研究表明,性格是由各种特征所组成的有机统一体。许多工作对性格品质有着特定的要求,不同的职业有不同的性格要求。不同性格特征的人员,对企业而言,决定了每个员工的工作岗位和工作业绩;对个人而言,决定着自己的事业能否成功。如教师应正直、有责任感;企业家应果断、勇于开拓;服务人员应耐心、细心;医生应严谨、一丝不苟。大学生择业前应对自己的性格特征有一个充分的了解。

(四)心理因素

不同的大学生的择业心理不同,所选择的职业也会不同,心理因素对大学生择业影响表现在多个方面。

其一,心理特点决定了大学生是否适合从事某些职业。有的大学生因受心理压力和心理承受力相互作用的影响,导致心理失衡、不健康,不适合从事某些职业。心理承受能力小的大学生不适合从事可能产生巨大心理压力的职业。

其二,心理特点决定了大学生择业是否严谨。有些大学生在在进行职业决策时存在攀比心理,或跟风心理,在求职中把注意力过多集中到别人的就业取向中,或者在就业过程中很在意他人的看法,把职业的薪资程度、社会地位等于他人盲目比较,盲目跟风选择与其他同学相同的职业,缺少自己的判断,又或者即使有的单位非常适合自身发展,但因为某个方面跟同学相比具有一定的差距,知难而退,导致择业失败。

(五)价值观因素

价值观是一种内心尺度,它支配着人认识世界、明白事物对自己的意义和自我了解、自我定向、自我设计等；也是个体付出行为的根本心理因素。

个体是构成社会的重要成员，其价值观必然会受到整个社会价值观的影响，个人的行为与思想必须符合整个社会价值观的取向。

就个人的职业发展来说，个体的职业选择应符合社会对各行各业的职业人的要求，社会价值观念正是通过影响个人价值观念而影响个人的职业发展。

职业价值观与职业观有所不同，二者容易混淆。

具体来说，职业价值观是指个体人生目标和人生态度在职业选择方面的具体表现，是个体对职业的认识、态度、追求和向往。

当代职业价值观有多种类型，常见类型及特点有如下几种。

（1）利他主义：工作中总是为他人着想，关注大众的幸福和利益。

（2）审美主义：工作中不断地追求美的东西，享受美感。

（3）智力刺激：在工作中不断进行智力开发，愿意学习和探索。

（4）成就动机：渴望不断创新、不断取得成就。

（5）自主独立：工作中能够充分发挥独立性和主动性，不受他人干扰。

（6）社会地位：关注所从事的工作的社会地位，希望受人敬重。

（7）权力控制：渴望获得管理权。

（8）经济报酬：渴望获得优厚报酬、生活富足。

（9）社会交往：渴望与人交往，建立广泛的社会联系和关系，最好能结识知名人物。

（10）安全稳定：渴望不管自己能力怎样，都能工作安定。

（11）轻松舒适：把工作当作消遣、休息或享受，追求舒适、轻松、自由、优越的工作条件和环境。

（12）人际关系：希望一起共事的同事和领导人品好，相处愉快、自然。

（13）追求新意：希望工作内容经常变换，渴望工作和生活丰富多彩。

大学生要充分了解自己的职业价值观，并明确职业观，以选择适合自己的职业，并能通过职业发展有所成就，实现个人职业理想。

在整个社会生活中，个体的职业生涯发展是在一定的群体条件下完成的，个人价值观是否与群体价值观相统一、相融合，可能影响个体的职业生涯发展是否顺利，因此来说，个人价值观是影响个体择业与职业发展的重要因素。

（六）能力因素

人的能力可分为一般能力和特殊能力两大类。一般能力又称为智力，包括注意力、观察力、记忆力、思维能力和想像力等；特殊能力又称特长，如计算能力、音乐能力、动作协调能力、语言表达能力、空间判断能力等。

在任何一个行业中，都有不同的职位提供给就业者，但是在组织和企业发展过程中，个人能在集团中达到一个什么样的职位层次、承担什么样的角色，在很大程度上取决于个人的能力的高低，反过来，个人能力的不同，对职业选择也会有所不同。

现代社会，竞争压力大，用人单位喜欢有技术专长的"实干家"、有创造能力的创新人才、有一定的社会工作能力的人、能说会写且适应能力强的人，更能在职业竞争中获得更多机会。

因此，大学生择业，应对自己的能力有一个冲锋的了解，充分了解自己的能力倾向及不同职业的能力要求，才能更加合理地进行择业。

（七）教育因素

就我国发展现状来看，教育在很大程度上影响个人的成功，教育不但赋予一个人知识、能力和才干,也塑造了一个人的人格,奠定了一个人的基本素质和能力。教育对一个人的职业生涯产生了巨大的影响。

教育与个人的知识储备、技能高低、眼界大小等有非常显著的联系。一般来说,一个人受教育程度越高,其思维和行为模式呈现多元化,知识结构和劳动生产能力越强,其职业生涯规划得也就越好,其职业生涯发展得也就不错。即便是同一个高校的学生,由于所学专业不同,接受教育不同,在择业时也会有不同选择。

(八)素质因素

现代社会所需要的人才是各方面素质全方面发展的综合性人才,大学生要想正确择业,选择自己理想的职业,就必须不断提高理想职业对从业者的素质要求。

从素质对职业发展的作用来看,一个人自身的素质水平,从根本上决定着个人的就业状况及职业岗位的层次水平。在其他条件相当的情况下,往往个体的素质越高,可挑选的职业种类范围就越广,机会就越多,就业就越顺利。

这里需要提出的是,个人的职业素质不仅包括身体素质、技能素质、能力素质,还包括职业心理素质,其中,用人单位对人员的身心素质要求如下。

(1)有完整的人格。
(2)能正确认识自我,调节自我。
(3)个人与环境之间保持和谐关系。
(4)身体健康、精力旺盛,能胜任工作并能创造高工作效率。

(九)职业经历

大学生在经过十几年的教育经历之后,所学得知识与技能大都是理论知识,要真正的应用于到工作当中,才能知道掌握的情况如何。

一般来说,大学生在真正进入到社会之前都会经历一个实习阶段,实习就是为了让大学生能更好地去了解社会上自己所喜欢的职业、适合的职业真实存在的形态与样子,从而有机会在错误择业前有一个试错的机会。具体来,职业经历是大学生了解体验职业、验证职业选择的一个很好的途径,只有体验过了,才清楚自己是否喜欢、是否胜任;因为接触过了,对职业的情况都熟悉了,才能更容易入手。

职业经历对于个人的职业发展是非常重要的,"隔行如隔山",从事自己熟悉的领域,比从事自己不熟悉但喜欢的领域,就业成功几率和职业发展成功率要大很多。

第四节 热门职业发展分析

一、热门专业与热门职业

热门职业一直都是求职者争相竞争的,受到很多大学毕业生的青睐。有一项调查显示,在被问到"如果有机会,将会选择哪个领域作为起点"时,有32.9%的"热门"专业学生选择了"与自己专业相近的行业",而"冷门"专业的学生中只有16%。这与职业发展中社会对人才需求的大环境是具有非常密切的关系的。具体分析如下。

(1)热门专业前景广阔,增加了这部分专业的学生的求职自信。

(2)热门专业与冷门专业相比,会更多地得到各高校的重点扶持,师资力量雄厚,学生视野更开阔。

(3)热门专业人数众多,竞争激烈,为了提高自我竞争力,学生在平时都很注重锻炼自己,其职业能力也要比其他专业的能力平均要强一些,在社会竞争中更具竞争力。

"冷"、"热"门专业学生对各自专业的信任度差别之大,也更加说明了专业优势为大学生竞争力所奠定的职业发展优势。

2018年6月11日《2018年中国大学生就业报告》发布,指出在2017届本科毕业生半年后月收入排名中,排在前四名的分别是信息安全、软件工程、网络工程、信息工程。这充分显示了在当前信息社会,信息相关技术专业与行业发展的前景十分广阔,是求职最受欢迎的职业也是竞争最激烈的行业。

2018年,AI成为最好就业的学科专业,在对高薪岗位梳理过程中发现,AI行业的薪资也要比其他行业的薪资水平要高。

通过近三年各专业失业量、就业率、薪酬薪资和就业满意度综合情况,将专业分为红牌专业和绿牌专业,其中绿牌专业指的是失业量较小,就业率、薪资和就业满意度综合较高的专业,为需求增长型专业;红牌专业指的是失业量较大,就业率、薪资和就业满意度综合较低的专业。

通过比较分析,将就业率高、专业发展前景较为广阔的行业统称为绿牌专业,反之,将就业率低、专业发展前景不乐观的行业成为红牌专业。大学生在专业选择和职业选择中,应尽量避免选择红牌专业,优先选择绿牌专业,以便于增加就业率。2018年本科就业的绿牌专业与红牌专业如表3-1所示。

表3-1 2018年度本科绿牌专业与红牌专业

本科绿牌专业	本科红牌专业
信息安全	绘画
软件工程	化学
网络工程	美术学
互联网工程	音乐表演
数字媒体技术	法学
通信工程	历史学
数字媒体艺术	

热门专业与热门职业在很大程度上反应了社会发展的现状与未来发展方向,社会重点发展的领域和当前发展前景广阔的领域必然是对人才吸收率较高的领域,从求职谋发展的角度来看,这一部分人才在社会上受欢迎程度更高,各企业单位也愿意花大价钱去聘请高素质的人才。即沃研究院《2017—2018人工智能产业人才发展报告》显示,当前人工智能时代已经在信息社会撕开了一个新的发展口子,未来社会也将升级进入人工智能时代。

作为典型的技术驱动型行业,人工智能相关岗位的薪资水平、就业满意度都优于全国平均水平,当前,人工智能表现出更好的发展趋势,人工智能相关岗位的薪资水平持续且明显地超出互联网行业平均水平(图3-2)。

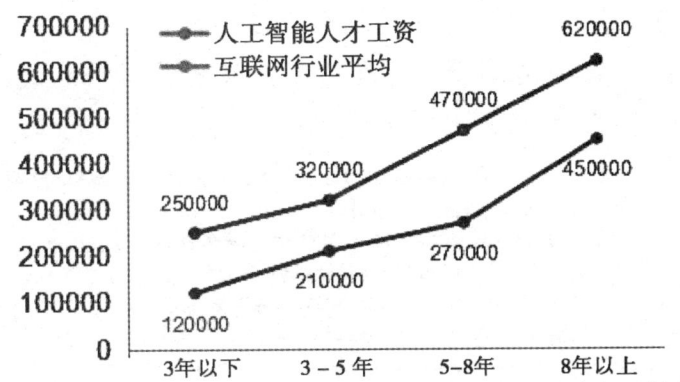

注:数据来自即沃研究院《2017—2018人工智能产业人才发展报告》

图 3-2

需要特别指出的是,不同专业的就业率差距,充分反映了社会发展的重点方向的不同,但这并不表明鼓励大学生都去选择热门专业与职业,而不去选择传统专业与职业,社会的正常运转离不开各行各业业,大学生应结合自己的特长与发展需求选择适合的专业,并在毕业后选择专业对口职业,以提高就业率(表3-2)。

表3-2 高校毕业生对口就业率高的十大专业

专业	对口就业率
麻醉学	100%
轮机工程	98%

续表

专业	对口就业率
医学影像学	98%
口腔医学	97%
石油工程	97%
医学检验	96%
工程造价	95%
护理学	95%
建筑学	93%
土木工程	93%

大学生要实现更好的就业,不仅要考虑热门专业、热门职业,还要考虑社会发展需求,国家政策等各方面的影响,并对近几年的就业需求进行充分的了解,以在自我专业与社会发展需求中寻求一个平衡点,从最新数据来看,2019年春招旺季人才需求增幅最快的的15个职业如图3-3所示。

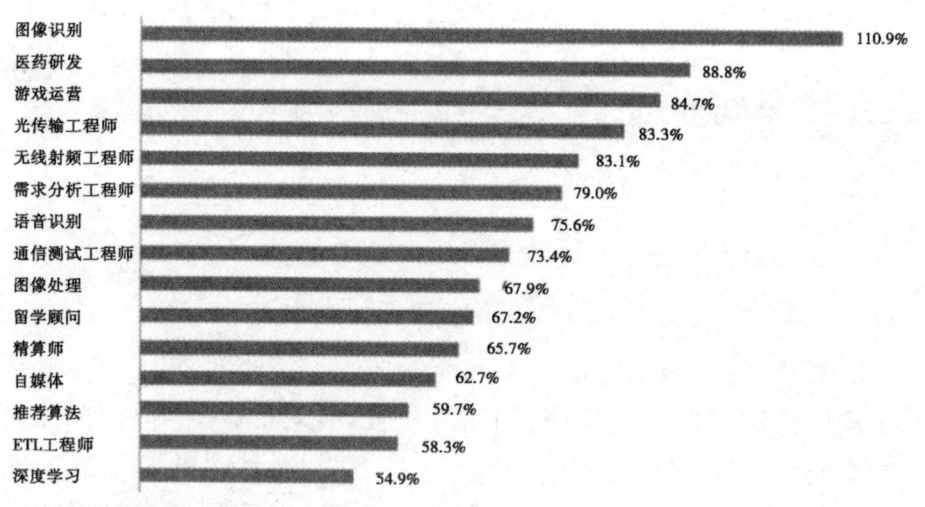

职业	增幅
图像识别	110.9%
医药研发	88.8%
游戏运营	84.7%
光传输工程师	83.3%
无线射频工程师	83.1%
需求分析工程师	79.0%
语音识别	75.6%
通信测试工程师	73.4%
图像处理	67.9%
留学顾问	67.2%
精算师	65.7%
自媒体	62.7%
推荐算法	59.7%
ETL工程师	58.3%
深度学习	54.9%

注:数据来自BOSS直聘研究院&职业科学实验室

图 3-3

综上分析来看,我国理工科对口就业率高,与社会发展方向一致的专业热门专业,对口行业也多为热门职业;此外,社会传统专业与行业以及国家支持和鼓励发展的专业与行业也表现出强劲的竞争力。

二、热门职业未来发展

这里重点介绍以下几个热门职业。

(一)计算机类职业

当前社会,随着计算机技术的发展和广泛应用,计算机硬件、软件的开发、应用和维护成为社会各行业工作的重要组成部分,有关计算机的职业的走势良好,计算机软件的开发工作在未来相当长的时间里,都将是社会上的高技术和高待遇的职业。各行业(如银行、医院、政府、企业等)对计算机技术方面的专业人才的需求量会越来越大。

在计算机类职业发展中,以下几种人才稀缺。

1. 游戏人才

现阶段,中国的网络游戏产业已进入高速发展期,电竞职业也成为我国新一类职业之一,目前,中国"网游"市场还尚未饱和,发展空间大。

2. IT设计人才

目前,我国IT设计人才需求量大,但人才匮乏,尤其是近年来,国际上计算机技术、网络技术广泛应用于动画领域,人们对视觉享受的要求越来越高,动画漫画的运用越来越多,发展前景非常好。

3. 反病毒人才

有关数据表明,目前全国拿到正规资格证书的反病毒专家只有500人左右,反病毒人才匮乏,专业的反病毒工程师更是十分紧俏。

4. 软件测试工程师

软件测试自动化技术在我国则刚刚被少数业内专家认知,这方面专业技术人员在国内更是凤毛麟角,缺口有三四十万之多。

(二)市场营销类职业

市场经济条件下,任何一个市场都需要营销类人才,市场营销是企业产品销售、公关的一个非常重要的环节,此类人才的需求量大,结合未来社会发展中,产品的独立承销商和销售网络的建立将成为企业运作的主要形式,市场营销类职业对从业者的要求也越来越高。以下人才缺口较大。

1. 高级营销人才

能够为企业市场开拓掌舵的人才缺口非常明显,我国高级营销人才极度匮乏。

2. 公关人才

公关和企此形象设计对一个公司或企业的发展是至关重要的,公关行业因此成为极具发展前景的职业,公共关系的价值变得更加明确和易于衡量。对于大多数生意人来说,公共关系的价值已经不再是盘踞在他们脑海中的问题了,人才的需求也就变得更加迫切。

3. 策划人才

策划是知识经济时代的"智业",应掌握市场营销、商品学、社会学、传播学等多学科知识与能力,策划人的"含金量"越高,薪水越高。

(三)中医和健康医学类职业

健康始终是社会大众广泛关注的问题,也是社会发展的一个重要基础,近两年,我国重视中医药的发展与改革,"中医药复兴"

成为大众关注的一个新领域,我国中医与健康医学专业始终在职业发展中表现出强大的生命力与竞争力。

随着我国人民生活水平的不断提高,人们对自己的生活状态和健康状况也越来越关注,健康医学应运而生,医药保健、生物制药、心理咨询等都更多地受到人们关注,很多医药类职业对对口人才的需求量增加。具体分析如下。

1. 执业药师

目前,目前我国职业药师数量少,门槛高。执业药师是指经全国执业药师资格考试,取得"执业药师资格证书"并经注册登记取得"执业药师注册证",在药品生产、经营、使用单位中执业的药学技术人员。

2. 营养师

现代人注重健康,对"吃"的要求越来越高,营养师与各行业相结合,表现出较强的市场需求,如临床营养师、食品营养师、运动营养师等。

3. 心理咨询师

有人预言,心理咨询将成为未来的"金饭碗"。随着社会进步、生活水平的普遍提高,人们越来越关心生活的质量,随着社会各方面压力的不断增大,人们也越来越注重心理健康。以前人们有了心理咨询需求往往是"偷偷的"去"看心理医生",现在,人们对心理疾病与心理障碍有了更科学的认识,心理咨询成为一个普遍的职业。

4. 家庭护理和私人保健医生

现代人社会生活和工作节奏快,照顾病人、老人和孩子成为中年父母的沉重负担,家庭护理的需求量大大提高。尤其是现在,人口老龄化是全世界面临的一个严峻的问题,我国也已经进入老龄化社会,每个家庭的老人都面临着需要被照顾,但是中青年人忙于学习、工作而无暇兼顾的情况,老年医学、健康保健和护理等方面的需求大大增加。

5. 育婴师

育婴师是指主要从事0~3岁婴幼儿照料、护理和教育人员，负责0~3岁婴幼儿的生活护理及教育,科学照顾婴幼儿的饮食、睡眠、动作技能、智力开发、社会行为和人格发展等,是职业新宠。

(四)会计类职业

随着社会经济的发展和财务管理的规范化,社会上的各种企事业单位对会计的需求也大大提高,会计将是各行业中的一个热门专业,社会地位和收入较高。

(五)咨询、教育服务类职业

当今社会是一个信息膨胀的社会,信息获取是个体和企业在竞争中获得优势的关键所在。目前,社会上的咨询服务类职业有企业咨询、心理咨询、信息咨询(包括各种信息服务咨询)、教育咨询等。

现阶段,我国商业教育发展进入一个空前活跃的时期,尤其是针对青少年儿童的教育五花八门,是非常受父母关注和重视的一个行业,而且青少年儿童的课外辅导、课外教育收益率非常高,这也导致了很多不具备培训、教育资格的单位和企业想要在青少年教育市场上分一杯羹,教育市场定价偏高、管理混乱,教育质量良莠不齐。

(六)专业公关类职业

专业公关类职业的从业者一般需要获得公共关系学、社会服务类专业、经济贸易类专业、管理类专业的学位,并具有相关的工作经验。

（七）环境保护类职业

随着环境污染的加重和国采与公众环保意识的增强，社会对环境保护类专业的人才需求将呈直线上升趋势。

目前，环境保护方面的职业对以下人才的需求较大，如环境监测、环境质量评价、环境治理（环境工程）和环境卫生等方面的专业人才。

（八）公务员类职业

公务员和其他行业相比，具有福利待遇等方面的优势，一直以来都是我国的一类炙手可热的职业，特别是在就业形势紧张的情况下，公务员成为了很多大学生优先选择的职业。

第四章　大学生就业

大学生从校园进入社会,就业是非常关键的一步。大学生在做好前期的职业分析、职业规划的基础上,明确了就业方向与就业目标之后,就要着手为真正地踏出就业这一步做准备了。本章重点对大学生科学就业的各种准备进行分析,以便为大学生顺利就业提供指导,使大学生能在就业准备过程中做到有的放矢,提高就业成功率。

第一节　就业信息获取与分析

一、大学生就业信息获取

大学生获取就业信息,应搜集对自己有用的信息,在信息搜集过程中,要提高信息搜集质量,以节约更多的时间和精力成本以便对之后的信息进行有效的梳理与分析。这就需要大学生掌握一定的信息搜集技巧,充分认识自己,充分理解各类信息,在就业信息搜集过程中做到有的放矢。

（一）就业信息搜集方法

1. 全方位信息搜集法

全方位信息搜集法适用于大学生就业的较早准备。大学生提前做好就业准备,如从大二、大三就开始,广泛地搜集各种信息,提前为就业做准备。信息搜集过程中,只要是稍微相关的信息,都可以成为收集的对象。此法的优点是所获信息广,选择自由度大,但是过于浪费时间,浪费精力。

2. 方向定位搜集法

大学生首先明确职业方向与定位,然后根据自己制订的职业方向如求职行业范围来收集求职信息,信息收集不受地域环境的限制。这种方法针对性强。

3. 区域定位搜集法

大学生在就业时先确定自己就业的理想区域、城市,在就业信息搜集时把注意力集中在所定区域的报纸杂志等媒体上,搜集信息时,既要考虑区域定位,也要考虑个人职业方向与行业范围。

(二)就业信息搜集渠道

1. 招聘会

招聘会是搜集求职择业信息的重要渠道,而且能让大学生更加真实地接触到就业市场。

在招聘会上,应聘者可与招聘人员面对面沟通,能进一步了解企业和岗位的信息,同时也可以直接了解到一些职场和行业的相关信息。

目前,我国每年在大学生毕业季,都会有很多针对大学毕业生的招聘会,这些招聘会一般由政府人才机构或者高校举办,前者是由各地各级人事部门、教育部门等机构组织,专门针对大学应届毕业生举办,具有公益性质;后者是各高校就业部门举办,地点在校园内,无固定举办时间,学校会主动向学生发布招聘会时间地点等相关信息。

对大学生而言,招聘会是求职前的重要实战热身,由于其面向大学生免费举办,能有效降低大学毕业生的就业成本,能为大学生了解就业市场需求、顺利求职奠定坚实基础。

需要特别指出的是,招聘会参会企业多,主要面向应届毕业生,一般不要求工作经验。由于参会单位良莠不齐,大学毕业生应认真考量、谨慎面对。

2. 人才市场

人才市场是指人才进行流动和交流的场所,也是各类人才与企业之间的中介机构。所以,人才市场也就汇聚了很多企业选择人才的标准及企业相关信息,其是大学毕业生搜集求职择业信息的一个重要场所。

大学生通过人才市场搜集就业信息,应充分结合自己的爱好和特长、专业特点等实际情况,了解目标单位的性质、规模、地域等。

3. 网络

当前社会,网络发达,在互联网时代,世界范围内的各种信息能实现在短时间内的快速传播。在我国,随着网络信息技术的不断发展,越来越多的企业单位通过网络进行招聘,网络求职也大大缩短了求职的时间成本。大学生也应学会利用网络来发布求职信息。

通过网络搜集就业信息,应注重招聘网站的异同,有些注重行业性,是专门为某一行业人才提供专业服务类的人才招聘网站,有些是综合类的搜索网站。有一些门户网站也会开辟招聘专版频道。还有一些企业通过自己的门户网站发布招聘信息。

大学生通过网络搜集就业信息,应注意鉴别信息的实效性、真实性。

4. 大众传媒

除了网络媒体等新媒体,传统媒体也有很多,报纸、杂志、广播、电视等传统大众新闻媒体也经常发布和传播一些招聘信息、企业宣传信息、行业发展信息等,各级就业指导部门亦常通过各种媒体发布本系统、本地区或本单位对毕业生的需求信息、就业政策等,大学生在关注网络信息的时候也不要忽略这些传统媒体。

5. 人际关系

大学生在求学、参加社会活动、实习过程中,除了接触自己的亲人、老师、同学,还会接触各种各样的人。大学生可以通过自己的交际圈,获取一些就业相关信息。

(三)就业信息整理与使用技巧

大学生搜集到的信息应尽量广泛,但并非都有用,而"有用"程度也不一样。对于搜集到的就业信息,要使其具有准确性、全面性和有效性,就应结合自己的实际情况,进行筛选过滤,去粗取精。具体应做到以下几点。

1. 正确选择

首先,就业信息更新快、数量大、种类多、范围广,大学生必须能在较短的时间内查阅大量信息,以便从中迅速发现最有用、最重要的信息。

其次,大学生要学会鉴别、判断,善于识别信息的准确性、有效性和可行性。

最后,大学生必须依据各自实际情况和有关方针政策找到最合适自己的信息,善于对比,了解透彻,使之更有针对性。

2. 善于挖掘

获取的很多就业信息,大学生往往不能一下子就判断出来其对自己的就业有无重要价值;有很多信息的价值不是直观的,这就需要大学生对信息进行整理、分析、鉴别、深入思考、引证等,以甄选出对自己有用的就业信息。

3. 迅速反馈

信息有很强的时效性,当收集到广泛的信息并加以分析处理后,应尽早决断并向用人单位反馈信息,以免错过就业良机。

二、大学生就业信息分析

（一）分析自身资源

1. 家庭环境

家庭环境对个人的职业影响是非常大的，大学生在择业与进行职业规划时，应重点考虑清楚以下问题。

（1）毕业后是否需要马上工作并且供养家庭？

（2）家人支持我从事哪些职业？能提供哪些资源和帮助？

（3）家人反对我从事哪些职业？反对理由是什么？

（4）家人是否能为我创业提供机会、资金支持？

（5）家人能否为我继续求学提供支持？

（6）如何在家人意见和自我想法中做出选择？

美国耶鲁大学的相关调查表明，20世纪90年代以前，个人通过努力能决定自己的命运，贫寒子弟的学业成就可实现人生梦想，随着社会变革，个人的成就更多受出身、家境等因素影响。现代社会，整体来看，社会大环境是公平的，个人的职业成就离不开家庭环境，也同样离不开个人的努力。

2. 学校环境

不同学校的综合实力不同、各院系的专业实力也不同，大学生在就职时，如果毕业于社会所公认的名校，应充分利用好学校这一平台。大学生应充分利用学校提供的各种资源，了解更多的职业信息。

3. 人际关系网

作为社会成员，个体的活动离不开与社会上其他人的接触，每一个人都有一个属于自己的关系网，大学生应充分利用好自己的人际关系网，可以通过朋友、校友等的引荐找到工作。

人际关系的建立是一个长期的、持续的过程,大学生在平时要注重自身的人脉积累,尽可能多地和各种各样的人保持和发展联系。现代社会,个体在社会中可利用的社会关系越多,掌握的资源就越多,生存能力就越强。

(二)了解社会环境

就我国来看,随着我国高校的不断扩招,大学生数量越来越多,国家在大学生就业方面的政策每年都会发生或多或少的变化,同时,国家的经济发展政策也会影响大学生的就业,大学生无论是就业还是创业,都应该对整个社会的大环境有所了解。

(三)了解专业与行业

专业是职业选择的重要因素,现代大学生就业压力大,很多大学生毕业之后从事的职业与自己大学时期所学的专业并不对口,但从自身专业优势出发,找到理想职业的几率更大,无论选择何种职业,都应该是自己感兴趣的,应在自己感兴趣的领域进行专业探索。

行业是社会分工的大类,大学生就业必须了解自己将要从事的行业的相关信息,应结合国际和国内的环境来进行综合分析。建议同学们掌握最新的行业消息。

综合自身的专业信息、所了解的行业信息,在此基础上进行职业选择,并充分考虑采取哪些策略来竞争这些工作,并做好职业生涯规划与准备。

(四)了解企业及职业

企业是求职者直接生存和发展的土壤。每个企业都有自己的发展目标、运作模式,了解企业的历史、现状和发展方向是进入企业的基础。

职业具有区域性、行业性、岗位性等特点。城市和农村,经济发达地区和经济不发达地区对同一职业的要求不同,待遇不同;不同行业对同一职业的要求也不同。

大学生了解企业与职业应分别了解以下内容。

(1)了解企业。

①了解企业的规模、行业地位。

②了解企业的产品、服务、经营战略。

③了解企业的文化、制度、组织结构。

④了解企业近年的招聘情况、薪酬、福利。

⑤了解员工、顾客、其他企业对目标企业的看法。

(2)了解职业。

①了解任职资格。

②了解工作内容。

③了解薪资待遇。

④了解职业的标准化一天。

⑤了解职业的影响力人物及其言论。

⑥了解发展空间。

(3)职业资格证书。

不同的职业对从业者的入职资格有一定的要求,大学生提前了解所从事行业、职业的从业资格要求,可提前做好准备,如从事教师职业必须考取教师资格证,从事会计行业必须考取会计从业资格证,做司机必须考取驾照等。

(五)了解岗位

大学生进行职业规划与管理,应充分了解自己所崇尚的岗位与相关岗位的差异、联系,并了解岗位特点、要求,对岗位有针对性、全面的了解,并分析自己在岗位中所具有的优势与劣势,取长补短,不断提高岗位工作能力。

此外,大学生还应该结合自己所崇尚的岗位,了解其发展前景,列举出可能的职业发展路径,不断提升自己的发展空间。

第四章 大学生就业

以财务管理专业为例,相关岗位与岗位职业发展分析如图 4-1、图 4-2 所示。[①]

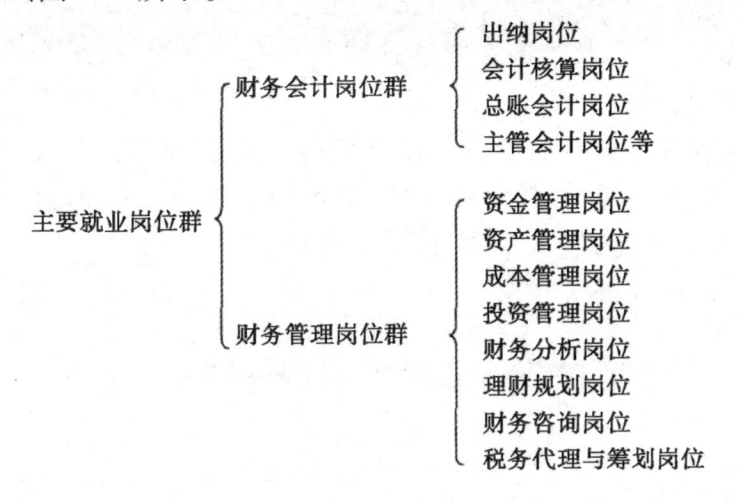

主要就业岗位群
- 财务会计岗位群
  - 出纳岗位
  - 会计核算岗位
  - 总账会计岗位
  - 主管会计岗位等
- 财务管理岗位群
  - 资金管理岗位
  - 资产管理岗位
  - 成本管理岗位
  - 投资管理岗位
  - 财务分析岗位
  - 理财规划岗位
  - 财务咨询岗位
  - 税务代理与筹划岗位

次要就业岗位群
- 各单位内部审计岗位
- 会计师事务所审计助理员岗位
- 评估师事务所审计管理员岗位
- 税务师事务所审计助理员岗位
- 会计咨询服务公司等中介机构的审计助理员岗位

其他就业岗位群
- 企业经营管理岗
- 企业事业单位、金融机构经济信息统计员、分析员
- 公司财经文秘岗位

财务管理专业就业岗位群

图 4-1

会计 / 出纳员 / 审计员 → 预算专员 / 投资分析员 / 核算专员 → 预算主管 / 会计主管 / 投资主管 → 财务经理 → 财务总监

财务岗位职业发展路径

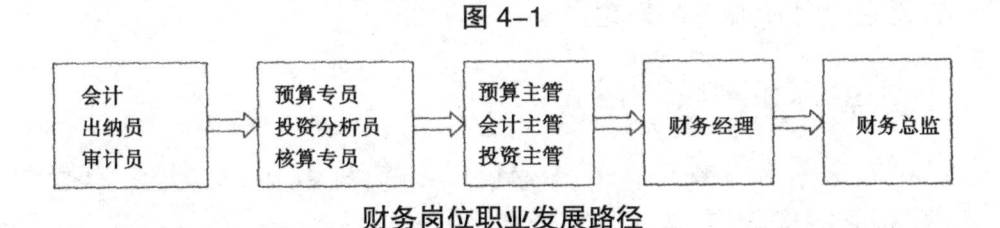

图 4-2

---

① 刘俊贤,白雪杰.大学生职业规划、就业指导与创业教育[M].北京:清华大学出版社,2015.

(六)建立职业发展档案

在分析与了解上述各方面信息的基础上,大学生应结合自身情况和职业发展目标建立职业发展档案,为自己的职业发展建立信息资料数据库,并结合自己的工作实际,不断了解自我、寻找自我和塑造自我,缩小职业选择范围,集中精力和时间去做最重要的就业或创业准备,而不是盲目择业、就业。

第二节 大学生求职材料

一、求职信

(一)求职信的作用

求职信,又称自荐信,是一种求职者向意向组织与单位进行自我介绍、自我推荐的信件,是求职者面向特定的用人单位写的书面材料。

求职信的主要写作目的是向用人单位介绍自己、推荐自己,以谋求自己所心意的职位。

(二)求职信的格式与要求

就求职信的格式来说,主要包括标题、称谓、正文、结尾、致敬语、落款等部分,具体写作要求如下。

1. 标题

求职信的标题是求职信这一信件类型的标志,要求醒目、简洁,应用较大、较粗字体标注"求职信"三个字。

2. 称谓

求职信的称谓应根据求职信的写作对象来确定,在格式上应在信件的第一行顶格书写,单独成行,以示醒目、尊重。

大学生在写求职信时,应对用人单位的性质和负责人的称呼有一个清楚的了解,以免在称呼上犯错或出现不妥。一般来说,写给国家机关、事业单位人事部门负责人,可称"尊敬的处长(部长、所长等)";写给企业人事部,可称"尊敬的经理";写给科研单位或教育部门,可称"尊敬的教授(老师)"。如果遇到对用人单位和负责人称谓不确定的情况,可用"尊敬的领导"来开头,无论哪种称谓,称谓都要正式。

有些人在写求职信时为了寻求轻松愉快的语境,会使用一些不正式的称谓,其实这是不礼貌的。切忌使用"前辈""叔叔""师兄"等字词。

3. 正文

正文是求职信的核心部分,形式多样、风格各异,应突出个性,阐明自己的求职意向。一般来说,求职信的正文应包括以下几部分内容。

第一,自我介绍,说明自己的身份、基本情况。

第二,说明求职信息来源、应聘职位。

第三,说明和阐述自己能胜任所谋求职位的理由。

4. 结尾

求职信的结尾通常包括两个部分的内容,在结尾,应写好结束语,期盼回复,并使用助词。

5. 致敬语

写信应讲究必要的礼节性的致敬语,可以写上一句祝福语。或者在正文结束后,在下一行顶行空两个,写"此致",后面不写标点,在"此致"的下一行,顶格写"敬礼"二字,后面加"!"。

6. 落款

在求职信的最后应署名并注明日期,署名一定要用手写,字迹清楚,以示尊重。

求职信的格式及范文用语示例如下。

求 职 信

尊敬的经理:

　您好!我是一名即将从××××大学××××专业毕业的大学生。我很高兴地在招聘网站上得知您的招聘信息,并一直期望能有机会加盟贵公司,我写此信应聘贵公司招聘的××××职位。

　作为一名××××专业的学生,我热爱我的专业并投入了巨大的精力和热情,学习了×××。

　在校期间,我获得了××。

　此外,我还注重通过社会实践和毕业实习积极锻炼自己,×××××××××××××××××××××××××××××××××××××××。

　随信附上个人简历及相关资料,希望您能感到我是该职位的有力竞争者,并希望尽快收到面试通知。如有机会与您面谈,我将十分感谢。我的联系电话××××××××,邮箱××××××××。

　感谢您阅读此信,祝您愉快!

　此致

敬礼!

×××
××××年××月××日

(三)求职信写作的注意事项

1. 短小精悍,忌长篇大论

对于用人单位的人事部门来说,在毕业季和招聘期间,每天都会收到很多人寄来的求职信,因此,用人单位的招聘负责人不会花很长时间去阅读每一封求职信,如果长篇大论,可能引起招聘负责人的厌烦心理,或者会让其认为求职者缺乏概括能力。因此,求职信的内容应尽量篇幅短小、重点突出,不落俗套。

2. 实事求是,忌妄自菲薄

在求职信中,大学生应实事求是,不能自吹自擂、夸夸其谈、炫耀浮夸,也不能妄自菲薄、缺乏自信。应该表现出适度的谦虚,这样可以给用人单位留下好的印象。注意求职信中自我评价的措辞使用应得当。

3.文字美观,忌潦草模糊

求职信有打印的,也有手写的,尽量用手写,表示尊重。

手写的求职信应做到文字工整、清洁、美观,没有错别字,语句通顺,语气恰当。给用人单位留下认真、负责、干练的感觉。

目前,很多求职信都采用电子邮箱发送,电子版的求职信应在排版设计时,格式符合规范要求,字体大小粗细设置合理,使人方便阅读。

二、简历

(一)简历的类型

根据求职者的求职方向、岗位以及简历撰写方式方法,简历可以分为多种类型,但并非每一类都适用于大学毕业生。大学生应结合自己的特点与需求来撰写简历,选择最能突出个人特长的简历。

一般而言,简历模板主要有时间型、功能型、专业型、业绩型、创意型五种。其中,时间型简历强调求职者的工作经历,业绩型简历强调求职者曾经工作成就、业绩,这两种简历不太适合大学毕业生。

相对而言,大学生写简历更加适合选择以下三种简历类型。

(1)功能型简历:强调能力和特长,不注重工作经历。

(2)专业型简历:强调专业、技术技能,突出个人职业技能。

(3)创意型简历:强调与众不同的个性和标新立异,可充分体现出创造力和想象力,适用于艺术、设计类专业大学生。

（二）简历的撰写要求

1. 内容翔实

简历内容应全面、翔实，力求言简意赅，突出重点。

在简历中，大学生应全面概括自己的基本情况，说明自己的特长、爱好，同时，应认识说明自己的不足，不足可稍微弱化，并注意不要占用过多篇幅。

2. 格式规范

通常来说，个人求职简历有多个类型，不同的类型的简历可以有不同的格式。各种简历的格式大同小异，应注意符合阅读习惯。

一般来说，个人简历有以下三种格式，不同格式各有特点，分析如下。

（1）学习工作经历式简历。有选择地列出求职者的学习、工作经历，充分表现求职者的技能、品德。

（2）时间顺序式简历。根据时间顺序，说明自己的求学、工作经历，尽量选择与所求职位相关的学习与工作经历进行罗列说明。

（3）表格式简历。用表格的形式列出基本情况和学习、工作经历，一目了然（表4-1）。大学生可结合自己的实际情况增加相关内容。

对于大学毕业生来说，简历设计应大方、整洁和美观，最好不要超过一页纸。

表 4-1　个人简历表

个人简历						
姓名		性别		出生年月		
民族		年龄		婚姻状况		照片
政治面貌		健康状况		学历		
联系方式						

续表

求职意向				期望薪资	
教育经历					
学历	学习时间	毕业院校	专业		在校任职
工作经历					
工作时间		工作单位			职务
自我评价	个人爱好				
	个人特长				
	就职优势				

3. 重点突出

大学生的求职简历应有重点,突出主要想表达的内容,切忌毫无轻重,长篇大论。一般来说,简历内容的重点应在学习经历、技能、实习经验和社会活动上,同时,结合求职单位、求职岗位,有所差异。

4. 意向明确

简历的内容应与所谋求的职位关系密切,求职意向明确。

在简历中,大学生应尽可能明确和集中阐述求职意向,内容与自己的专长、兴趣等相一致。用人单位可以从兴趣爱好中发现应聘者的价值观、志向和个性特征等信息,发现应聘者的职务适应性。如果没有写明求职意向,或者目标模糊、模棱两可,很容易被淘汰。

5. 真实可靠

大学生撰写简历,应该保证简历上的所有内容是真实可靠的,包括姓名、年龄、毕业院校与专业等基本信息,也包括自己的能力和经历等,不能夸大,更不能杜撰。

简历的真实可以反映出作为求职者的大学生的诚信品质,这往往是用人单位非常看重的求职者品质。需要指出的是,真实性并非要求大学生把自己的所有缺点和不足都和盘托出,应注意简化、优化但不美化。

6. 避免错误

简历要避免出现错误,尤其是一些最低级的错别字、表达符号等错误,应杜绝。

(三)中文简历的撰写及技巧

1. 中文个人简历的基本内容

一般来说,中文个人简历的基本内容应包括以下几项。

(1)个人信息

简历的个人信息应包括姓名、性别、出生年月、联系方式、照片等。如应聘国企或公务员岗位,应有政治面貌。

(2)教育背景

简历中的教育背景应依次列出高等教育学历、学校、专业,可以详细列出与应聘岗位相关的主要课程。若学业成绩突出,可标明学分绩点和排名。

此外,大学生在校期间参加的社会上或某些专业机构组织的培训经历与课程也可以酌情列在简历中。

(3)工作/实习经历

列出参加兼职、实习、全职工作的所有记录,包括起止时间、单位名称、所在部门、担任职务、工作内容、主要业绩等。

这部分内容往往是用人单位会重点阅读与考量的内容。

（4）社会实践经历

列出参加校内、外社会活动的所有记录,包括起止时间、参加团体名称、担任职务、具体内容等。

（5）所获奖励/荣誉

大学生如获得特别突出和优秀的奖励,可以在简历中一一列出,列出在求学期间取得的奖励及荣誉。

（6）个人技能/爱好

大学生为提高就业率,可以在简历中列出与求职岗位相关的外语、计算机、专业或其他技能水平与爱好。

（7）自我评价

自我评价是大学生对个人简历的总结性陈词,内容应为对自身优势的总结性评价,要求简短,但能清晰呈现个人突出性格和专业优势,有针对性。

2. 中文个人简历的格式

（1）纸张方面,选择80克或100克的A4纸,尽量控制在一页内。

（2）字体方面,一般地,标题选择黑体,正文选择宋体。字号最好用10磅(小五号),重点内容字体可加粗。

（3）版面方面,黑白或彩色版面均可,排版时力求重点突出、容易捕捉,整个页面具有一定的审美性,避免满页都是字体。

3. 中文简历撰写注意事项

（1）针对不同招聘单位的特点和要求制作不同简历,避重就轻,投其所好。

（2）整洁大方,观看舒适,不用怪异字体。

（3）内容突出,分清主次。

（4）扬长避短,力求精确。

（5）用数字说明问题,提高简历含金量,突出成绩。

（6）用词严肃、正式、庄重。

（四）英文简历的撰写及技巧

现代社会竞争激烈,英语用语类职业的求职者通常需要撰写英文简历。对于一些大学生来说,掌握英文简历的写法还是很有必要的。

1. 英文简历的格式

一般来说,常用英文简历类型主要有港式、英式、美式三种。不同类型的简历撰写风格与要求不同。

（1）港式简历：一般要求写年龄、婚否,报纸的招聘广告中还要求求职者写上工资现状及预期工资。

（2）英式简历：与港式简历相似,但个人资料比港式要少。

（3）美式简历：书写格式有十几种,不同求职者可结合自身喜好与需求进行选择。

2. 英文个人简历的内容

（1）页眉部分

页眉部分,应列出个人名字、联系地址、联系电话。

姓名可直接用中文拼音,亦可用英文名＋中文姓。

地址的城市之后要加国家。中国用 China 简单清楚,而邮编的标准写法是放在省市名与国名之间,即放在 China 之前。

电话号码前面须加地区号。8 个号码之间加"-",以便认读拨打,区号后的括号和号码间加空格。

（2）应聘职位

应聘职位要用相应的英文表达,注意有些职位名称是中国公司常用表达,但国外没有对应的专门工种名称,而均称为 assistant manager。

（3）教育培训

列出受教育培训时间、学历、就读学校、成绩、奖学金以及非正式的教育,如网络教育等,列举尽可能地详尽。

（4）工作经历

如果是目前的工作要最先写,左侧写时间,如写成 2018-present。以前的工作,只写年份,如 2017—2018。

（5）个人资料

个人资料主要涉及个人兴趣爱好及相关技能,注意撰写过程中应突出强项,弱项略去为佳。相关技能应包括与求职岗位相关的各种能力或相关资格认证。

4. 英文简历撰写注意事项

中英文简历的注意点原则上是一致的,英文字体建议用 Times New Roman 或 Palatino。慎用缩写,避免拼写、语法错误。

三、大学生求职用表

（一）《普通高等学校毕业生就业推荐表》

《普通高等学校毕业生就业推荐表》（以下简称《就业推荐表》）是由教育行政部门或学校统一印制的、由学校毕业生就业指导中心发给每位毕业生填写并附有学校意见的书面推荐表格。可反映毕业生在校期间的基本情况,供毕业生向用人单位推荐就业时使用。

在大学毕业生的求职材料中,《就业推荐表》有着举足轻重的地位,它是大学应届毕业生身份的一个官方认证,具有权威性,用人单位对此有较高的信任度,《就业推荐表》应认真填写。

《就业推荐表》的各部分内容填写应实事求是；字迹清晰端正。各部分内容应内容明确、突出重点。

"自我鉴定"由大学生填写,要求充实详细。

"院系推荐意见"一栏由院系毕业生负责人填写,要求概括地、实事求是地反映和评价该生在校期间德、智、体等各方面的表现,突出优点和特点。

(二)《高校毕业生就业协议书》

《高校毕业生就业协议书》(以下简称《就业协议书》)是明确毕业生、用人单位和学校在毕业生就业工作中权利和义务的书面表现形式,由国家教育部或各省、市、自治区就业主管部门统一印制,一式三份,由学校毕业生就业指导服务中心统一发放,毕业生人手一份,按编号发放使用。

《就业协议书》的内容主要是毕业生如实介绍自身情况,并表示愿意到用人单位就业,用人单位表示愿意接收毕业生,学校同意推荐毕业生并列入就业计划进行派遣(表 4-2)。

表 4-2　《高校毕业生就业协议书》主要内容

毕业生情况及意见	姓名		性别		年龄		民族	
	政治面貌		培养方式		健康情况			
	专业				学制		学历	
	家庭住址							
	应聘意见 毕业生签名:						年　月　日	
用人单位情况及意见	单位名称					单位隶属		
	联系人		联系电话			邮政编码		
	通讯地址				所有制性质	全民、集体、合资、其他		
	单位性质	党政机关、科研事业单位、学校、商贸公司、厂矿企业、部队、其他						
	档案转寄详细地址							
	用人单位意见: 签章 年　月　日				用人单位上级主管部门意见: (有用人自主权的单位此栏可略) 签章 年　月　日			

第四章　大学生就业

续表

学校意见	学校联系人		联系电话		邮政编码	
	学校通讯地址					
	院（系、所）意见： 签章 年　月　日			学校毕业生就业部门意见： 签章 年　月　日		
备注：补充条款						

大学生在就业时，通过双向选择，与用人单位签订毕业生就业协议，明确劳资双方的责任、义务与权利，任何一方不得擅自解除或违约，违约方须承担违约责任。

大学生就业协议的订立程序如下。

（1）毕业生和用人单位达成协议，毕业生在《就业协议书》上签名盖章，用人单位应注明可以接收毕业生档案的名称和地址。

（2）用人单位（上级主管部门）批准盖章，并在签订协议书起的十个工作日内将协议书送学校毕业生就业工作部门。

（3）学校同意盖章，并及时将《就业协议书》返回给用人单位。

学生、用人单位、学校毕业生就业指导服务中心各留一份。

第三节　大学生面试技巧与礼仪

面试是用人单位通过当面交谈的形式对应聘者进行的集多种知识、能力于一体的考核方式，综合性强，是求职者与用人单位进行的一个双向沟通的过程。面试的种类很多，有"一对一"或"一对多"面试、情景模拟面试、视频语音面试等。

面试是大学生与用人单位招聘负责人的一次近距离接触,将直接关系到大学生是否能成功入职。因此,大学生应认真对待面试,并掌握一些基本的面试技巧,以便于成功获得职位。

一、大学生面试准备

大学生面试之前做好充分的准备工作,可以轻松自如地应对面试。对于大学生来说,参与面试应做好以下准备。

(一)材料准备

大学生参加面试,应随身携带自荐材料、各类荣誉和技能证书、文凭、照片等必需品,此外,应事先背熟自己的求职履历、根据招聘岗位的要求有针对性地组织自己的兴趣、个性特征、价值观和能力等各方面的素材,准备好同所申请职位相吻合的"道具"。

(二)信息准备

大学生参加面试前,应了解自己与所应聘单位、所应聘岗位相吻合的特质,深入了解所应聘的公司和岗位的基本情况,了解单位的基本情况和所应聘岗位的工作内容、素质要求、工作职责等。

此外,如果面试前,大学生能了解到用人单位面试测评的主要内容,以便于在面试中从容应对,那么面试效果会更好。

(三)能力与信心准备

大学生在面试过程中,应保持足够的自信,将自己的特长在面试过程中充分地展现出来,给面试考官留下深刻的印象。

通常情况下,用人单位还会向求职者介绍本单位及拟招聘职位的情况与要求,讨论有关工资、福利等求职者关心的问题。对此,大学生应从容应对,自信展示自己,并认真进行沟通。

二、大学生面试策略与技巧

（一）面试答问策略

就业面试是求职者与用人单位之间进行双向沟通的过程,因此在面试过程中大学生难免会与面试官进行一些答问,大学生应掌握一些必备的答问技巧与策略以给面试官留下一个好的印象。

具体来说,在面试问答过程中,应做到以下几点。

（1）面试答问要抓重点、条理清晰,切忌长篇大论,多余的话太多,让人不得要领。也不能简单地仅以"是""否"作答。

（2）回答要体现自己的独立见解,引起对方的兴趣和注意。

（3）有良好的语言习惯（如语速、语音、语调）。配合适当的肢体语言帮助表达。

（4）不要答非所问。如果没有听清,或难以理解,或一时没有头绪应对对方问题的,可将问题复述一遍,请对方确认内容。

（5）善于打破沉默场面。如果面试中出现长时间的沉默时,求职者可以利用这段时间,对前面所讲的话题进行必要的补充,或介绍自己更详细的情况或提出一些问题。

（6）忌急问待遇问题。谈论薪酬无可厚非,但应问对时机。

（7）自然结束面试。一般由面试官结束,面试时应学会听或看懂一些暗示性语言或动作。

（二）面试的忌讳

大学生面试,尽量不要犯一些低级错误,切忌出现以下情况。

（1）迟到。最好提前 5～10 分钟到。

（2）面试中默不作声。

（3）面试中侃侃而谈、长篇大论。

（4）面试态度傲然自大。

（5）不当反问、急于套近乎、不耐烦、惊慌等。

（6）遇到自己不知、不懂或不会的问题，回避闪烁，或不懂装懂。

（三）探知面试结果

面试结束后，面试官当场一般都告知应试者回去等通知，当然也有例外，会当场表示面试者是否被录用。

通常，如果面试后一周或面试官许诺的通知时间到了却未收到答复，应主动询问面试结果。

如果求职失败，不要气馁，应总结经验、吸取教训，重拾自信，积极寻找下一个适合自己的职位。

三、大学生面试礼仪

人与人接触，第一印象就是视觉所观察到的言行举止，主要通过穿着和举止打扮表现出来，个人的言行举止可以反映出个人的修养与生活态度。要在面试中给面试官留下一个好的印象，应该注意做好仪表形态与举止管理。

（一）仪表

着装整洁、大方，符合职业形象。在应聘不同岗位时，衣着应与之适合。求职者的穿着最好是与所求工作的性质和环境相一致。

（二）举止

要注意自己的表情、姿势、动作等，尤其注意处理好细节，具体如下。

（1）进入面试室时，以合适的力度敲门，听到回复后再进去。

（2）抬头挺胸，面带微笑，精神饱满。

（3）与面试官打招呼要主动,可点头微笑,也可问候。

（4）如果面试官先伸手,应热情握手,但不可以主动去和面试官握手。

（5）面试时,精神集中,态度诚恳,沉稳自信,切忌含糊其辞。

（6）根据听者反应适时调整自己的语言表达方式,与面试官保持目光交流,以示尊重对方。

（7）保持良好的坐姿或站姿。

第四节　大学生就业流程与法律保障

一、大学生就业流程

大学毕业生的就业流程如图 4-3 所示。

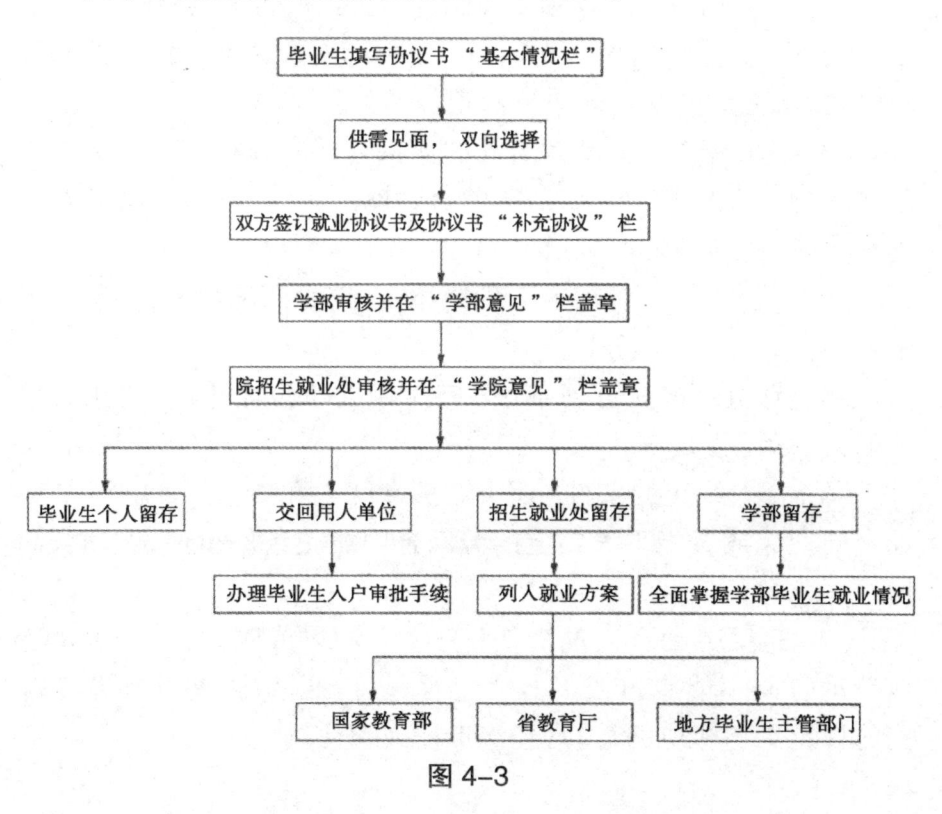

```
毕业生填写协议书"基本情况栏"
          ↓
    供需见面，双向选择
          ↓
双方签订就业协议书及协议书"补充协议"栏
          ↓
  学部审核并在"学部意见"栏盖章
          ↓
院招生就业处审核并在"学院意见"栏盖章
  ↓         ↓          ↓          ↓
毕业生个人留存  交回用人单位  招生就业处留存  学部留存
              ↓            ↓           ↓
         办理毕业生入户审批手续  列入就业方案  全面掌握学部毕业生就业情况
                          ↓
              ┌───────────┼───────────┐
           国家教育部    省教育厅   地方毕业生主管部门
```

图 4-3

在大学生就业流程中,重点关注以下两个程序。

(一)签订就业协议

大学生与用人单位经过双向选择,确定大学生入职后,大学生与用人单位应签订大学生所持有的《高校毕业生就业协议书》,表明双方的求职与用人意向。

(二)签订劳动合同

劳动合同又称劳动契约、劳动协议,是劳动者与用人单位确立劳动关系、明确权利义务的协议。大学毕业生与用人单位达成就业意向时,应与用人单位签订劳动合同。

根据《中华人民共和国劳动法》(以下简称《劳动法》)第十九条规定,劳动合同应当具备以下条款。

(1)工作内容:针对劳动者而言,是劳动者的义务条款。

(2)劳动合同期限:当事人双方所订立的劳动合同起始和终止时间,由劳动者和用人单位商定。

(3)劳动报酬:劳动者劳动的成果返还和履行劳动义务后必须享受的劳动权利,包括工资、奖金、津贴等。劳动报酬必须符合国家法律、法规和政策规定。

(4)劳动纪律:包括上下班纪律、工作时间纪律等,一般不详细列出。

(5)劳动保护和劳动条件:针对用人单位而言的,是用人单位的义务条款。

(6)合同终止的条件。我国《劳动法》第二十三条规定:"劳动合同期满或者当事人约定的劳动合同终止条件出现,劳动合同即行终止。"

(7)违反劳动合同的责任:当事人一方或双方,由于过错造成劳动合同不能履行或不能完全履行,按照法律、法规和劳动合同的规定承担相应的行政、经济责任或司法制裁。

（8）其他：补充条款、保密协议等。

二、大学生就业法律保障

（一）就业报到

针对不同情况的毕业生，其就业报到的程序具有一定的区别。

1. 已落实接收单位的毕业生

（1）毕业当年6月初把已签订的《就业协议书》交到学校就业办，由就业办上报派遣计划。

（2）毕业离校前领取《就业报到证》到接收单位报到；凭《就业报到证》回户口所在地迁移户口。户口在学校的，到户籍管理部门领取《户口迁移证》到单位入户。

（3）按照《就业报到证》上要求的时间按时到用人单位报到。

（4）毕业生到用人单位报到后，应马上与用人单位签订劳动合同，使《就业协议书》和劳动合同良好衔接。

（5）丢失《就业报到证》的，由本人向所在学校提出遗失说明，申请补办。

2. 派遣回生源地报到的毕业生

（1）毕业离校前领取《就业报到证》，在规定的时间内到生源所在地人事局报到，并于当年内到人事局确认是否已收到档案，如未收到，与学校就业指导服务中心联系。

（2）未按时前往办理报到手续的毕业生，与档案有关的业务不能顺利办理，与学校无关。

（3）户口在学校的，到保卫处领取户口迁移证，回生源地入户。

3. 暂缓就业的毕业生

由于各种情况暂缓就业的毕业生，应注意做好以下工作。

（1）妥善保管暂缓就业协议书，凭暂缓就业协议书办理相关手续,如有遗失,无法补办。

(2)申请了暂缓就业的学生,在暂缓就业两年期限内,根据协议书规定办理相关手续。

(3)需要取消暂缓就业的,凭《暂缓就业协议书》,到省毕业生就业指导中心办理相关手续,打印报到证。

4. 工作单位变化需改派的毕业生

(1)改派须准备材料:退函——原接收单位及其上级主管部门同意改派并出具的书面材料;接收函——新接收单位出具的经其上级主管部门批准同意接收的书面材料;毕业生本人申请改派的书面材料和原《就业报到证》、户口迁移证明。

(2)改派程序:具体如下。

①市内调整的,持退函、《就业报到证》和接收函到所在地市毕业生主管部门办理改派手续。

②省内调整的,持退函、接收函或协议书到原毕业学校毕业生就业指导中心办理改派手续。

③跨省区调整的,退函和接收函必须经过单位所在地省级毕业生就业主管部门盖章同意,否则无效。

5. 专升本或考研被录取的学生

专升本或考研被录取的学生应于6月初向学校就业指导中心办公室交《录取通知书》复印件,同时办理档案转寄等相关手续。

(二)劳动合同

劳动合同是劳动者与用人单位之间的一种协议,是当事人意思表示一致的产物。任何个人和单位不得随意撕毁劳动合同,否则应承担相应的法律责任。

我国《劳动法》第十七条规定:"订立和变更劳动合同,应当遵循平等自愿、协商一致的原则。"具体分析如下。

1. 平等自愿、协商一致

首先,"平等"是指合同双方当事人法律地位平等。

其次,"自愿"是指合同完全出于当事人的意志,不得胁迫和欺诈。

最后,"协商一致"是指劳动合同的各项条款必须经双方充分协商并达成一致。

2. 合法

首先,当事人必须具备合法资格。用人单位必须是依法成立的企业、事业单位、国家机关、社会团体或个体工商户等;劳动者必须是 16 周岁以上具有劳动权利能力和劳动行为能力的公民。

其次,劳动合同内容合法,符合国家法律、法规规定。

最后,劳动合同应"以书面形式订立"。

(三)应对职业陷阱

1. 职业陷阱分类

根据不同分类标准,职业陷阱有不同种类,表现出不同的陷阱状态(表 4-3)。

表 4-3　常见职业陷阱分类

分类标准	职业陷阱	表现
主体	招聘会陷阱	招聘会本身不合法,或利用虚假宣传骗取求职者费用
	职业中介陷阱	以介绍工作为由来收取高额中介费
	"皮包公司"	非法用工单位
目的	收费陷阱	利用毕业生求职心切心理,设立各种名目收取不合理费用
	赚取廉价劳动力陷阱	借试用期榨取廉价劳动力。如试用期结束后解聘求职者、无故延长试用期

续表

分类标准	职业陷阱	表现
手段	高薪陷阱	打着"高职高薪"的幌子,让求职者做推销员,或从事传销等非法行为
	合同陷阱	合同与用人单位承诺不符,或合同中用语模棱两可或带有迷惑性
	保证金或押金陷阱	收取各种保证金、押金

当前大学生就业形势严峻,很多大学生求职心急切,而有一些非正当竞争、非法营利单位往往就抓住了大学生求职心切的心理,会设置各种求职陷阱,大学生应在求职就业过程中提高警惕,必要时要学会留存证据,并通过法律手段保护自己。

2. 避开陷阱

对于大学生来说,在遇到求职就业陷阱时,有效避开,能最大程度地避免损失。具体应提高警惕,如果出现以下情况,应谨慎。

(1)用人单位要求提供各种与工作无关的证明材料时,注意避免透露任何个人信息。

(2)用人单位收取任何不合理费用(包括押金或保证金)时,应坚决地克服急于求职的心理,敬而远之,不要存在侥幸心理。

(3)用人单位过分吹嘘高薪、待遇优厚、职位轻松时,提高警惕,以免误入非法组织。

(4)用人单位设置一些智力陷阱,求职的毕业生提交策划案时,应做好备份,注意留存原始材料,提交策划案时附上"版权声明",并要求招聘单位签收,以免用人单位窃取个人的劳动成果。

3. 事后求助

(1)针对无证照或证照不全的中介,应及时向相关的劳动部门、工商管理部门或公安部门反映。

(2)针对用人单位虚假发布招聘信息,应向劳动部门反映,请求查处。

(3)用人单位以收取培训费、押金、保证金、担保金作为录用条件的,及时向劳动部门反映,请求查处,要求退还所交费用。

(4)用人单位订立不可能完成的任务,致使劳动者不能获取报酬的,其行为系以欺诈手段建立劳动关系,同样违反了《劳动法》的有关规定,如触犯刑律,应向相关部门反映,追究用人单位的刑事责任。

(5)窃取劳动者个人劳动成果用于非法营利时,应及时向所在公安部门报案,依法追究用人单位的法律责任。

第五节　大学生就业心理调适

一、大学生求职前的心理准备

(一)认识自己,准确定位

在求职前,大学生一定要对自己有一个充分的了解,明确自己在求职中的优势和劣势,对自己的求职结果有一个大致的预测。如果不能充分了解自己的综合条件与用人单位的职位岗位要求之间存在哪些契合点和不同,盲目参加面试,成功率是非常低的。因此,大学生在求职前应该对自己进行综合分析,了解自己的主观需求和客观条件、优势、劣势。

大学生求职,应对自己想要获得一个什么样的职位、从事什么样的工作、工作地在什么地方、薪资达到什么样的水平等有一个明确的定位,然后才能根据这个清楚明确的定位去更加明确地寻找相匹配的岗位。

(二)自我反省,勇于挑战

第一次求职就成功拿到 offer 的大学生毕竟是凤毛麟角,大学生求职过程中会遇到各种各样的困难,面对竞争激烈的就业过程中遇到的各种困境,要保持冷静的头脑,然后再做深入的思考,做到正确认识自我、评价自我,综合主观和客观条件,如此才能在就业过程中处于主动地位。

大学生工作经验少、社会阅历少,面对求职顾虑重重,往往会对自己的能力缺乏自信,很容易低估自己的能力,尤其表现在很多大学生初入职场,为了顺利入职,往往对用人单位的薪资与福利不敢有太多的要求。对此,大学生应该有足够的自信,在求职路上,不要妄自菲薄、不敢尝试,要主动与用人单位联系,积极主动去寻求求职机会,敢于尝试与挑战自己,不要怕遇到"闭门羹",要不断积累经验,为找到理想职位奠定经验基础。

(三)保持理性,积极乐观

调查显示,当前很多大学生都存在这一观念,即在就业过程中,大学生都渴望从事体面的管理工作,或者是白领,很少有大学生愿意去生产第一线工作、或者整日在户外奔波、或从基层的服务员做起。很多大学生认为一线工作、基层工作是不光彩的,从事这些工作是枉费了多年的学习,这显然是对职业的一种错误认知,大学生必须清楚地认识到,工作无高低贵贱之分、行行出状元,应在就业过程中清楚地认识自己的需求、分析哪一种职业和职位与岗位有助于自身职业理想的实现。

大学生求职过程中,面对诸多的竞争者和有限的就业市场机会,用人单位最终只能选择少数能胜任工作的求职者,没有顺利入职的大学生会有遭到拒绝的尴尬,即使是各方面都很优秀的大学生也有可能遭到拒绝,因此大学生应始终保持积极乐观的心态,坦然面对求职路上的挫折,始终以饱满的激情和百分百的努力去准备每一次的应聘,总会找到自己满意的职位。

二、大学生求职失败的心理调适

(一)正确认识求职挫折

大学生求职过程中遇到挫折是很难避免的,大学生求职受挫后,要保持冷静及充分的自信和勇气,分析原因找出解决问题的方法。正确认识求职挫折有利于大学生在面临挫折时的自我控制,使大学生可以有意识地降低由于挫折体验而带来的情绪、情感障碍。

面对求职挫折,大学生应勇敢地承认和接受当前所面临的现实,脚踏实地地寻求解决问题的办法,树立战胜困难的信心,坦然承受来自择业的挫折和压力。

(二)调整科学合理的期望值

大学生择业的过程是逐渐融入社会的过程,同时,也是大学生重新认识自我的社会角色的过程。在求职的过程中,大学生从对自己的整体职业发展能力和条件的模糊认知到逐渐清晰,大学生应该结合自己的实际情况对自己的职业发展有一个清楚的了解,如此才能够更加准确、更加迅速地找到自己理想的职业。

大学生的职位目标确定应该与自己的实际情况相符,不能好高骛远,也不能不自信,应结合求职的经验和社会的需求与职业发展,从客观的角度看待就业,不断调整自己的求职期望值,立足现实,抵制功利主义、享乐主义影响,规范在合理的范围,才有可能求职成功。

(三)提升挫折承受力,坚定信心

大学生应注重自我坚强意志品质的培养,学会积极地应对挫折心理的方法,更多地使用正性或中性的心理防御机制。如自我疏导、运动宣泄、心理暗示等。

如果大学生在求职过程中遭遇到了巨大挫折,很可能会心情烦躁、焦虑、丧失自信、一蹶不振、自卑,这时,一定要学会运用积极的心理防御机制,如升华、幽默、自我静思、理性情绪法等方法培养乐观豁达的生活态度,重新认识预定目标的可行性,淡化因挫折产生的负面感受,调整心态,重新出发。

三、大学生职场适应性心理调适

(一)树立自信

大学生初入职场,会因为工作经验的不足很多事情都不能做到尽善尽美,还有可能犯一些小的错误。这对于职场新人来说是较为普遍的现象,只要能吸取经验,在同事和前辈的帮助下,不断完善,就能很快独挡一面,大学生要对自己的新的职场生活充满自信。

(二)自理自立

学生时期,大学生整日与自己熟悉的老师、同学在一起,生活随心所欲、轻松自在,经济上靠父母资助,生活上有学校管理,学业上有教师指导,情感上有同学沟通,从熟悉的学生环境到陌生的职场,面对陌生的同事,还有可能是陌生的城市,会产生心理上的孤独感、失落感,尤其是在下班之后,更多的时间是独处,无论是生活上还是情感寄托上,都需要大学生去自己适应与调节心理层面上可能产生的孤独、空虚、失落、不知所措、茫然等。

大学生进入职场,独自打拼,必然要经过心理独立的自我建设,这就需要大学生学会自我心理调节,从心理上尽快独立自主起来,尽快适应新的环境,并尽快学会与同事们和谐融洽相处,培养自己独自做事、独自生活的自理和自立能力。

（三）增强职业角色意识

大学毕业生踏上工作岗位之后，要能够结合现实环境来调整自己的期望和目标。入职之初，很多大学生跳槽频繁，这与大学生事先对新岗位的估计不足、不切实际有关，他们对自己的职业角色没有一个完全的认知，不能真正了解自己能做什么、该往哪个方向发展，在职场中与新环境格格不入，有些事情不敢做主或推给同事、领导，有些事情擅自做主，不能明确自己所担任的工作角色、工作性质、职责范围、职权义务等。对此，大学生在工作中应该增强职业角色意识，尽心尽力去扮演好自己的职场角色，尽快融入新的工作环境。

第五章 大学生创业时代的到来

"创业是高质量的就业。"创业是大学生在大学毕业之后的一个重要的社会发展选择,一直以来我国都非常鼓励和支持大学生创业。大学生创业不仅能为市场主体注入新鲜的思想与血液,还能创造一些就业机会,对于大学生自身能力的发展和未来职场发展和促进社会发展均有十分重要的现实意义。本章重点就大学生创业大环境与创业准备进行系统分析。

第一节 我国大学生创业潮

(一)第一次创业潮

1984 年,新中国迎来第一次创业潮,当时,人们称创业为"下海",被看作是新中国的第一批勇敢者们的拓荒游戏。在当时,主流创业者以个体户居多,多为城镇待业人员,迫于生计,成为一批被动的创业者。柳传志在评价当时的创业时代时称:"下海确实很被人看不起,这是那些勇敢者做的事情,这些勇敢者在过去就是在社会上没有地位的人。"

新中国的第一次创业潮是经济体制内的创业,它以打破计划经济下的平均主义、解放思想、搞活商品经济为主旨。

新中国第一次创业浪潮代表人物:步鑫生、张瑞敏、柳传志、王石等。

第五章　大学生创业时代的到来

（二）第二次创业潮

1992年，借助"改革开放的春风"，我国迎来了第二次创业浪潮，这一次创业浪潮比第一次创业浪潮明显要"高调"很多，是在国家鼓励下的一次创业浪潮。

1992年春天，邓小平同志再次南行，发表了著名的南行讲话。同年2月28日，中共中央将邓小平同志的南行谈话以中央第二号文件形式向全国传达。在同一时期，国务院还修改和废止了400多份约束经商的文件，鼓励民众下海经商。1992年5月，我国相继颁布实施《有限责任公司暂行条例》《股份有限公司暂行条例》，全国兴起办公司热。

据《中华工商时报》不完全统计，我国第二次创业大潮中，至少有10万党政干部主动下海经商，他们被称为"92派"创业者，是中国改革开放以来，最早具有明确的股东意识、企业管理意识、资本运作意识、资源整合意识与能力的企业家代表，官员下海是这一次创业的主要特征。

中国第二次创业浪潮的代表人物：陈东升、郭广昌、田源、毛振华、郭凡生、冯仑、王功权、潘石屹、杨国强、易小迪、李宁、王朔等。

（三）第三次创业潮

20世纪90年代后期，我国迎来了第三次创业浪潮，以海归人士为主要代表，同时，也有力地拉动了本土创业者的增多。

1997年，江泽民同志在中共十五大报告中提出，鼓励留学人员回国工作或以适当方式为祖国服务。同年，我国教委启动鼓励和支持留学生短期回国服务的"春晖计划"，吸引了一大批留学生回国创业。

在信息化社会发展初期，以互联网领域创业为代表，我国的创业者不断增多，这些创业者着眼于整个中国、整个世界发展潮流,在互联网领域掀起了一场创业革命。

中国第三次创业浪潮的代表人物:马云、张朝阳、李彦宏、丁磊、王志东、马化腾、刘强东、陈天桥等。

(四)第四次创业潮

2008年,我国第四次创业浪潮兴起,该次创业浪潮是新一轮海归创业潮和全民创业的叠加,也被称为"全民创业潮"。

这一时期,我国各级地方政府,积极倡导高级知识分子"回乡创业"和"大学生创业",并出台了一系列扶持政策。

2011年前后,网络时代进入一个爆发性的发展时期,随着全世界互联网技术的发展,我国互联网发展进入了一个新时期,移动互联网兴起,我国进入了移动互联网创业大潮中,一大批围绕移动互联网的创业词汇涌入人们的视野,如"大数据""共享经济""AI"等,这一时期,我国诞生了许多以移动互联网为主要业务的企业,如美团、滴滴、美图、高德地图、大众点评等。

此外,我国创业范围扩大,不仅在互联网领域,还涉及新能源、新材料、生物医药、汽车制造、文化创意等多个领域。

(五)第五次创业潮

改革开放四十年来,我国社会经济发生了重要的变化,中国的发展已到了物质过剩的年代,同时,人工成本上涨、人口红利消失、老龄化等各种社会问题不断凸显,在社会经济进入"供给侧结构性改革"的新时期,我国市场经济正在进入线上和线下结合新零售、新物流、新制造的新经济体的产生,同时,催生了人工智能、机器人、现代服务业的创业机会。

近两年来,我国政府和教育部门积极出台各种政策鼓励和支持大学生创业,大学生创业,掀起了国内就业新形势。

目前,我国各级各类大学重视高科技人才的培养,科技人才和科技创业相符合,科技因素推动大学生创业,再加上鼓励大学生创新创业的政策的不断丰富与完善,大学生创业潮流有了强有力的科技、政策推动力。现代大学生的创业热情高涨,越来越多的大学生选择创业,大学生创业环境和前景一片大好。

第二节 我国创业环境与创业前景

一、我国创业环境

(一)新时代呼唤创新型人才

进入 21 世纪,在国际经济全球化发展背景下,全球竞争以及中国总体生活水平的提升,预示着中国不能永远享受劳动力成本的优势,产业结构升级是必然趋势,新的社会经济发展对高素质人才的需求量不断增大,受过高等教育的大学生具有更加广阔的发展空间。在我国经济发展与产业结构调整特殊时期,国家推出创新战略,创新人才成为新时期社会与经济发展对当代大学生的新的要求。

当前,我国正在进行产业结构调整,在知识创新时代,要建设创新型国家,需要以多种形式来发展创新理念,通过创业、创新教育培养大批创新型人才。

(二)创业是高质量的就业

十六大报告曾明确指出"就业是民生之本",大学生的就业问题是重大的民生问题之一。

胡锦涛同志在十七大报告中指出:"实施扩大就业的发展战略,促进以创业带动就业。"国家把鼓励大学生创业、支持创业放在了就业工作的突出位置。

"十八大"报告中曾提到了关于就业、创新创业的相关内容,报告中指出:"引导劳动者转变就业观念,鼓励多渠道多形式就业,促进创业带动就业。"为此,在"十八大"之后国家为了鼓励大学生创新创业而出台了很多相关政策。

习近平总书记在党的十九大报告中指出:"青年兴则国家兴,青年强则国家强"。回望革命先驱的足迹,特别是从新民学会探寻青年兴于何处而又怎样致力于"国兴"的历史逻辑,对于激励当代青年为实现中华民族伟大复兴的中国梦而接力奋斗,具有重要的时代价值。

近年来,随着我国高校不断扩展,每一年的大学生数量都会创历史新高,大学生就业压力大,很多大学生有创业意愿,据相关调查显示,有66%的大学生对毕业后的就业问题感到担忧,36%的大学生有自主创业的打算。

目前,劳动力就业问题是我国经济发展的最大难题,大学生将成为失业的主体。国家鼓励大学生通过自身积累的知识进行创业,作为缓解大学生就业压力的主要途径,大学生创业成为必然趋势。[1]

现阶段,"创业"早已不是新鲜的名词,很多大学生通过创业不仅成就了自己,而且为别人创造了就业机会,并带动一方发展,也为国家经济建设做出了贡献。

(三)创业的几个制约因素

1. 创业融资难

创业需要资金支持,没有资金,再好的创业计划也只能搁置。现阶段,大学生很难通过直接融资渠道筹集创业资金,麦可思研究院发布的《2017年中国大学生就业报告》显示,2016届毕业生创业资金主要来源于父母、亲友、借贷,本科生比例为78%,高职高专学生比例为75%。商业性风险投资、政府资助不到5‰。在

---

[1] 奚国泉.创业人才培养研究[M].北京:清华大学出版社,2013.

第五章 大学生创业时代的到来

我国现行金融体制下,大学生创业融资渠道狭窄。

为鼓励大学生创业,尽管我国各级政府出台了小额担保贷款和大学生创业扶持基金政策,但额度小、办理条件苛刻,大学生自主创业资金很难落实。如创业担保贷款与贴息,条件符合的大学生创业可以申请,但手续繁杂,且需 2 名在职公务员提供担保,导致很多创业大学生放弃申请,优惠政策落空。[①]

2. 创业硬环境不佳

(1) 创业孵化基地数量不足

为鼓励大学生创业和社会青年创业,近几年,在我国政府的推动下,各地和高校加强了大学生创业园和孵化器建设,但数量非常少。据统计,全国平均每所高校还不到 1 个大学生创业园和孵化器,远远不能满足大学生的创业需求。[②]

(2) 大学生创业园建设滞后

大学生创业园为大学生创新创业提供了必要的物质支持,但是很多创业园的商务环境差、配套服务不佳,很多创业园徒有其名。

3. 创业软环境有待完善

我国对大学生创业的政策支持力度是非常大的,但是,大学生创业者"办事难""负担重"等各种问题依然存在。究其原因主要表现在以下两个方面。

一方面,尽管国家一再提倡鼓励大学毕业生自主创业,相继出台了很多相关政策,但是这些政策并没有在地方、高校落到实处,很多政策走样变性、难以落实。

另一方面,大学生创业相关政策出台后,政策执行过程中效率低,并没有为大学生创业提供足够的便利,有很多不必要的程

[①] 李艳楠,宗晓燕.中国大学生创业政策及其优化对策分析[J].黑龙江生态工程职业学院学报,2019,32(4):69-70.
[②] 彭志武.大学生创业制约因素及政策取向[J].中国冶金教育,2019(3):83-85.

序需要走,在国外成立公司注册审批最多不超过一周,而在我国可能需要 14 个程序 38 天才能审批完成,审批繁复,效率低,时间长,可能会错失商机,严重影响了大学生创业的积极性。

二、我国创业前景

(一)大学生创业率将不断提高

要促进和实现更多大学生创业并创业成功,需要对大学生创业成功率的影响因素进行分析,与发达国家相比,我国大学生创业率低,其原因主要表现在以下几方面。

(1)我国的资本市场相对落后,创业融资困难,许多创业计划难以付诸实践。

(2)我国高校大学生创业教育缺乏,创业文化氛围不浓,大学生创业技能欠缺。

现阶段,我国大力支持和鼓励大学生创业,同时积极开展大学生创新创业教育,我国大学生创业意识与能力正在显著提高。为鼓励大学生创业,我国为大学生提供创业贷款、创业企业税费优惠,为大学生创业减轻了许多经济上的负担,大学生创业经济环境正在发生着不断的良性改变。

(二)创业环境不断优化

创业环境是指个人进行创业的背景平台,英国伦敦商学院与美国百森学院联合成立了一个研究项目,即全球创业观察(GEM),指出了影响创业活动的重要社会环境条件(图 5-1)。[1] GEM 创业环境分析为许多学者、国家研究和优化本国创业环境要素提供了参考。

---

[1] 奚国泉. 创业人才培养研究 [M]. 北京:清华大学出版社,2013.

第五章　大学生创业时代的到来

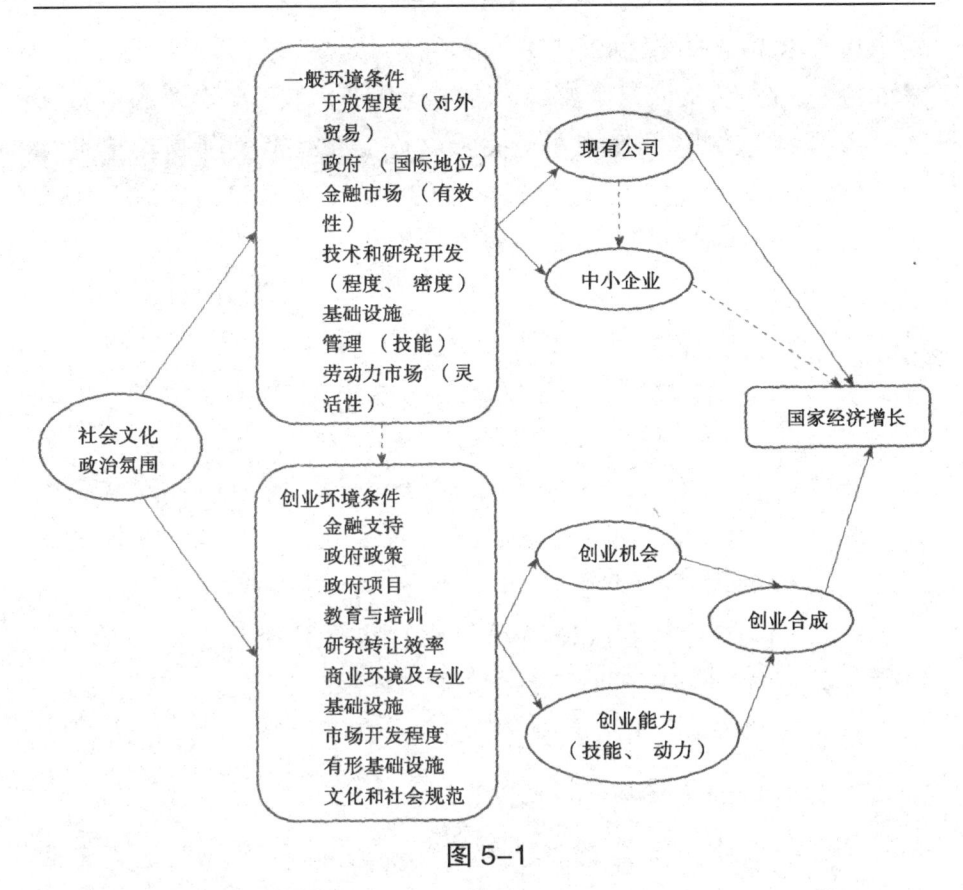

图 5-1

现阶段和未来一段发展时期内，我国大学生创业环境将不断优化，大学生创业的创业环境将不断发展与完善。

1. 创业政策环境

现阶段，从外部环境和条件方面看，还有一些不利于鼓励和促进青年创业的问题，如金融不足、行业行政垄断、政策门槛高、税费成本过高、公共服务效率不高等。在优化营商环境、厚植创业土壤等方面还有很多改进空间。[1]

无数创业成功的经验都充分表明，政策扶持是大学生创业的重要保证。为鼓励大学生创业，我国政府相继出台的一系列大学生创业优惠政策，如国务院出台的《关于强化实施创新驱动发展

---

[1] 刘俊良.青年创业：如何从青涩走向成熟[N].中国劳动保障报，2019年7月3日第003版.

战略进一步推进大众创业万众创新深入发展的意见》,财政部、国家税务总局出台的《关于支持和促进就业有关税收政策的通知》,人力资源社会保障部发布的《关于做好2018年全国高校毕业生就业创业工作的通知》,教育部出台的《关于做好2019届全国普通高等学校毕业生就业创业工作的通知》,等等。[①]

此外,还有如税收缴纳、创业启动资金、劳动用工、租赁用地等政策,给予了大学生创业者很多优待。同时,为解决大学生创业者的后顾之忧,政府还在社会保险、人事托管方面提供了可靠保障。

新的经济环境下,"大众创业、万众创新"成为经济发展新引擎。我国各地,尤其是特大城市与大城市在创新创业、引领全国创新发展方面发挥着重要作用。经济发达城市和地区相继出台了包括市场准入、资金扶持、税费减免、创业孵化四方面的政策,来优化创业环境、促进创业带动就业。

整体来说,目前我国大学生的创业政策环境是非常好的。

2. 创业社会文化环境

大学生要走创业之路,创业观念转变、社会支持也是一个重要的因素。现阶段,我国大众媒体中宣传优秀创业典型和成功创业经验的力度不断增大,整个社会对大学生创新创业的接纳程度和大学生创业失败的宽容程度都在不断增加,"敢于创业、创业光荣"的观念逐步深入人心,我国大学生创业社会氛围、社会舆论都处于一个不断优化的发展过程中。

3. 创业教育培训环境

为不断提高大学生创业能力,我国积极开展大学生创新创业教育,同时,鼓励教育机构对大学生进行创业知识培训,并在学校建立与创业配套的科技园来加强大学生创业教育,通过各种形式与途径不断培养大学生的创业素质与技能,并建立服务平台帮助

[①] 李艳楠,宗晓燕.中国大学生创业政策及其优化对策分析[J].黑龙江生态工程职业学院学报,2019,32(4):69-70.

大学生开展创业实践活动。我国大学生创新创业教育环境正在不断完善与优化中。

第三节　新时代大学生必备职业素质

一、创业精神

（一）带着创业的心去就业

大学生创业不仅仅是创办企业，重要的是要树立创业精神。创业其实就是用心做事，依靠自己的力量去整合资源，创造新岗位。

创业的能力，说到底就是做事的能力，创业者应有能力从小事做起。当前，面临严峻的就业压力，每一个大学生在就业时都要看清两种状况：一种是行业好、老板也好，用心把手头的事情做好，公司会欣赏你，你就有机会成为公司的核心成员；另一种是你非常看好行业，但不看好领导，也要用心做事，为以后自己创业打好基础，等待时机创业。

（二）创业不一定当老板

创业不仅意味着办公司，当老板，这是每一个致力于创业的大学生都应该明确的一点。创业需要天赋，如果没有这方面的天赋，就要跟有这样天赋的人一起创业，"就像当年跟着马云的人一样，他们同样是创业者"。

（三）敢于冒险，不惧怕失败

有创业意愿的大学生应提前为自己的创业做好准备，大学生在校期间，应注意自我创业意识与能力的模拟训练。有些大学生坚持每天按时起床，坚持每天到操场上跑几圈，有些大学生在学校旁边开家小饭店,去街头推销产品,这些都是基础培养、模拟训练。创业前进行大量的社会实践经验积累,对日后创业大有裨益。

一般来说,要想顺利创业,大学生在创业方向的选择上,应该选择低风险、花费少、与自己专业相近的项目,更容易创业成功,但是正如前面所说,"创业需要天赋",大学生创业者应有敏锐的眼光,能准确分析和预测行业发展趋势,在此基础上,要敢于冒险,不怕失败。

(四)树立远大的职业理想

当代大学生注重实现自我价值,创业过程中,在实现自己的个人价值和追求物质待遇时,一定要挣脱"就业挣钱,养家糊口"等狭隘观念束缚,要充分认识到,自我价值并不简单地等同于个人知识、智力等功能素质,任何忽视或否认人格品质所具价值的观念和言行都是有害的。大学生要坚持崇高的理想和信念,加强品德修养,注重职业能力培养,如此才能发挥自己的聪明才智成功创业,并实现个人职业理想。

二、大学生一般职业素质

(一)身体素质

"身体是革命的本钱",如果没有一个良好的身体素质,在日常生活中有活动、运动困难,身体素质低,难以承受高负荷、高压力生活方式与工作方式,也就不具备创业的身体素质条件。

身体素质是一项非常重要的职业素质,也是很容易被人忽视和遗忘的一项素质。大学生身体素质主要是指体质、体力和精力方面的生理健康程度。

当前,大学生身体素质现状主要特点是形态发育水平继续提高,营养状况继续改善,但也存在不少健康隐患。

据调查,我国大学生的身体素质呈下降趋势,我国城、乡男大学生虽然身高、体重及 BMI 指数均增加,但是胸围、肩宽及骨盆宽均减少。另外,我国大学生近视比率居高不下,肺活量下降,平均体重超标,锻炼身体缺乏自觉性,饮食不注意卫生,为从事某些职业带来了阻碍。

(二)心理素质

大学生应具备良好的职业心理素质,这里所说的心理素质包括认知、感知、记忆、想象、情感、意志、态度、个性特征(兴趣、能力、气质、性格、习惯)等方面的素质。

我国大学生群体中,面对学业、就业、情感等各种压力,有很多大学生存在不同程度的心理障碍和心理问题,如焦躁、抑郁等。有关调查显示,全国大学生中因精神疾病而退学的人数占退学总人数的 54.4%,大学生已经成为心理弱势群体。在择业过程中,一些大学生稍有不顺就灰心丧气,到工作岗位后稍有不顺就心灰意冷。

不具备良好的意志品质、认知、记忆、性格等的大学生,在求职就业过程中会因为心理素质差而被淘汰。因此,大学生应不断提高自己的心理素质。

特别需要指出的是,大学生在就业初期应具备良好的心理调适能力,能在面对困难、挫折、失败和意外事件时自我调整心理压力。良好的心理调适能力对于求职者的健康成长和成才是必不可少的。

(三)社会交往素质

人具有社会属性,从事任何一种职业都需要与人打交道,社会交往素质与能力是大学生必备的职业素质与能力。

大学生步入社会后,要与各种各样的人发生这样那样的关系。能否正确、有效地处理、协调工作生活中人与人的各种关系,不仅影响一个人对环境的适应状况,而且影响着其工作效能、心理健康、生活愉快和事业成就。

很多大学生长期身处象牙塔,缺乏与外界的必要交往,这也是为什么学生干部比一般同学更容易获得职业成功的原因之一。

因此,大学生自觉地培养良好的社交能力非常重要。求职者在刚刚走上工作岗位时,由于初涉世事,阅历较浅,缺少经验,往往处理不好各种社会关系,大学生应注重个人社会交往素质与能力的培养。职场中的一些礼仪规则,可能与自己的生活习惯不一致,但要赢得他人的理解、支持和信任,就必须要主动去协调这种主流与个体的冲突。此外,一些基本的商务礼仪能体现一个人的职业化程度。大学生应学会在职场中积累自己的职业人脉资源,这对以后的职业发展是有利的。

(四)专业素质

专业素质指专业知识、专业理论、专业技能的掌握和运用能力。良好的专业素质可以为大学生的职业发展打下良好的基础,但是目前大学生专业素质普遍不过硬,主要是在学习上浅尝辄止,满足于考试通过,缺乏自己深入的学习和探究。

此外,有些学生对自己的专业不感兴趣,又没有发现和确定自己感兴趣的方向,导致专业学习只是换取一纸文凭,根本就没有达到学校规定的培养要求,从而导致在寻找工作时达不到用人单位的要求,无法实现成功就业。

(五)学习与创新素质

学习与创新素质主要是自主学习能力、信息搜集能力、创新意识、创新精神、创新能力、创业意识与创业能力等。

知识经济时代,社会竞争激烈,大学生只有不断学习,才能够使自己的能力得到不断地提升。新时期,大学生具备良好的学习素质与终身学习能力不仅表现在学生走进社会以后具备获得新知识的能力,还表现在对信息的收集和处理能力,对中外文较强的阅读能力和语言交流能力以及敏锐的逻辑思辨能力等方面。

创新,是社会发展和个体发展的关键所在,大学生毕业生进入社会以后是社会中最具活力的一部分群体,要敢于创新,大胆开发自己的创造潜能,不断促进自我价值与社会价值的实现。

(六)思想品德素质

思想品德素质包括个人的信仰、理念、对是非判断的标准。大学生要想在职业中获得长期可持续发展,就必须认真负责、脚踏实地、遵守纪律、尊重他人、信守承诺、勤勉敬业,如此才能不断进步,逐渐实现自己的职业理想。

三、大学生创业素质与能力

创业素质是指在人具有了一定的智力、意志、素养的基础上,在环境和教育的影响下形成和发展起来的,在社会实践活动中全面地、较稳固地表现出来并发挥作用的身心组织的要素、结构及质量水平。创业素质不是单一的元素,而是各种要素的综合体。

大学旨在培养高素质人才,大学生接受高等教育,是未来社会的建设者与接班人。当前,随着社会经济繁荣发展,大学生创业也成为大学生就业之外的新兴现象。大学生自主创业不仅能帮助大学生实现自我价值还能缓解中国就业市场的压力。然而,近几年的调查显示,全国各省区虽有差异,但大学生创业比例低、成功率低却是普遍现象。究其原因,客观上是我国缺乏良好的创业环境,主观上则是大学生普遍缺少创业素质。[1]

创业是一项智力性活动,也是实践活动,极具挑战性和风险性。创业者应具备创业意识、创新精神,要有迎难而上的勇气、不屈不挠的毅力以及对市场的准确把握。大学生创业素质的高低决定了创业活动成功与否。有研究表明,在影响创业成功的各种

---

[1] 李新宇. 大学生创业素质培养研究[J]. 新教育时代, 2015(4).

因素中,创业素质是最关键的要素。[①]

(一)实践能力

实践能力是指个体顺利运用已有知识、技能去解决实际问题所必需具备的那些生理和心理特征。

就我国大学生群体来看,普通存在"动手能力差"的现象,大学生多注重理论学习,实践操作能力严重不足。

在现实生活中,一个大学毕业生如果在实践操作上有过硬的本领,一定会受到用人单位的青睐。只要大学生本人及学校有关部门重视,大学生在校期间培养实践能力的机会还是很多的。如参加社团活动、参与教师科研工作、参加暑期社会实践活动、担任班干部等,这些活动都有利于提高大学生社会实践能力。

对于大学生创业者来说,实践能力更是非常重要,创业不是"空想",而是需要一个实实在在的"实干家",一个创业构想再美好,不能付诸于实践,只能是空谈。

(二)竞争能力

竞争是指个人与个人之间、团体与团体之间、国家与国家之间,为了各自的目标和利益,相互竞争,以求取胜。对于事物的发展来说,优胜劣汰是其一般规律,市场经济环境中,时时有竞争。有竞争就有压力,有压力就要奋斗,就要拼搏。

现代社会最不缺乏的就是竞争,随着社会主义市场经济的进一步发展与完善,市场竞争更趋激烈,市场竞争归根到底是人才的竞争。

竞争,是大学生毕业求职就业所面临的第一个社会问题。作为一个求职者,如果不懂竞争、不具备竞争能力,在竞争的激流中就有可能被淘汰。具有良好的竞争力不仅能帮助大学生顺利找到理想职业,也有助于其以后的职场竞争与发展。

---

① 李新宇.大学生创业素质培养研究[J].新教育时代,2015(4).

大学生创业者,从一个小公司创业起家,往往会面临着市场中诸多已经运营、管理成熟的其他竞争者,对此,大学生创业者一定要明白社会生存中"适者生存,优胜劣汰"的生存发展规律,要不断提高自己和自己企业的竞争能力。

(三)决策能力

决策能力是大学生创业的一个重要素质与能力,大学生作为创业者,很多时候会位于创业企业的管理层,对于企业的一些事务处理、活动开展都需要做出正确的决策,这些决策关系到企业的生存与发展。良好的决策能力是一个成功人士必备的素质与能力。

大学生在校学习期间,就要有意识地培养自己的决策能力,从日常小事做起,学会独立拿主意。这样日积月累,就会形成一种能力习惯,无论是就业还是创业,大学生都能从各种信息和建议中,积极准确找出适合自己的职业岗位和创业项目。

技术进步会带来新产业、新行业、新业态、新模式的发展,会创造大量的创新创业机会。随着科技的不断进步,很多传统行业也在进行自动化、信息化、数字化转型升级,生产和经营模式也在不断更新。因此,每个行业都存在创业的机会,不一定非要选择最新兴、最前沿的领域。创业者要立足自身领域,依托科技,发现市场,不要盲目跟风进入自己不熟悉的行业,要选择适合自己、自己有把握的一个行业和领域进行创业。[1]

(四)管理能力

创业路上无小事,对于大学生创业者来说,要想在新创的企业管理中有效整合每一个员工的工作能力,整合整个企业的人力资源、物力资源、财力资源,就必须具备一定的管理能力。创业者

---

[1] 刘俊良. 青年创业:如何从青涩走向成熟[N]. 中国劳动保障报,2019年7月3日第003版.

的管理能力突出表现在以下几个方面。

1. 人事管理能力

（1）完善制度，懂得变通

创业者管理企业，既要做到按照规章制度办事，又要做到不拘泥于规章制度，在制订合理规章制度并坚持落实的基础上有条件地进行变通，把握好事情的轻重缓急，不仅有利于企业各项工作的顺利进行，也有利于整个企业团队的安定与发展。

此外，作为领导者，应学会知人用人。并要学会根据不同的员工、企业发展情况去激励员工，发挥每一个员工和整个团队的最大价值与创造力。

（2）以人为本，善于激励

在市场竞争中，新创企业会因为各方面的发展不成熟，在市场竞争中处于劣势。要想最大限度地发挥整个团队的竞争优势，必须提高团队凝聚力，这就需要作为管理者的领导学会在企业中做到人本管理。人本管理，就是以人为本管理企业和员工。在任何一个管理系统中，人都是活动的主体，而管理所发挥的重要作用是最大限度地调动人的主观能动性，因此，所有管理活动的开展都要始终坚持以人为本。

需要特别指出的是，现代管理中，激励手段的有效运用，不仅可以调动组织中每一个成员的积极性，而且也能提高管理的效能。激励员工、激发员工工作潜能，可采取奖励激励、榜样激励、情感激励、领导行为激励等，使其始终保持工作的积极性和主动性。

（3）为职择人，任人唯贤

为职择人要求在人事管理中，要以企业发展需要为主要依据来设置相应的管理机构，并且以此为依据将各岗位职责规范制定出来，然后按岗位选配合适的人才。避免因人设岗，按人设事，为人择职，从而导致机构臃肿、人浮于事、效率低下等问题。

任人唯贤要求对企业人才进行选择和使用时，要根据人的水平、能力大小、技能水平等择优选拔和使用，严禁任人唯亲。

（4）用当其人，用人不疑

用当其人要求在人事管理中，使用各种人时，必须做到用人之长，避人之短。同时，要考虑人才的使用周期，在人才素质最佳的阶段最大限度地发挥其潜力。

"疑人不用，用人不疑"是重要的管理哲学，要求管理者应对所选择和使用的人才给予充分的信任，积极听取其意见，尊重其行动，尊重其成果，创造良好的工作氛围，以最大限度地激发人才的工作热情。

2. 财务管理能力

财务管理就是对企业在生产过程中的资金活动进行组织。企业的一切活动都离不开财务运作，大学生创业，应对企业的财务管理有一定的了解，即便是不深入细致地去管好企业的每一笔钱，也要懂得企业的财务运营模式，并且能找到懂得财务管理的人进行本单位的财务管理，使财务的每一笔钱都能用到最该用的地方去。

（五）自律能力

大学生创业需要具备良好的自律能力，能有一番事业的人，必定是具有良好自律能力的人。对于大学生来说，在一个比较年轻的年纪创业，缺乏经验也缺乏阅历，有很多东西需要学习，同时也需要在企业中起到一个模范和榜样作用，以便更好地去激励员工去做好自己的本职工作，促进整个团队以良好的姿态不断向前挺进。

创业很少有一帆风顺的，在创业的过程中总会遇到各种各样的挫折，即便是准备得再充分，也难免有很多意想不到的问题出现，大学生应为此做好心理准备，要有迎接与应对困难的信心和决心。除了这种精神外，创业者无论是在生活还是工作中，都需要对自己每天的工作内容和目标进行规划，并且严格要求自己做好每一步工作，只有这样才能在有问题出现时，不至于慌乱和手足无措。具有良好自律精神和能力是一个成功创业者必备的素质与能力。

需要特别指出的是,年轻人创业,为了赶时间、赶进度,通常会高负荷工作。真正的创业要有紧张感,同时也要注意劳逸结合。不主张让创业者成为工作狂,一味通过搞垮身体来创业,而是要明白什么时候该工作,什么时候该放松。

(六)营销能力

任何一家企业,都存在宣传与推广的问题。现代信息社会,"酒香不怕巷子深"的营销观念已经不合时宜了,大企业资金雄厚,可以在各个平台上花钱做广告,对于刚创业的小公司来说,广告投入资金有限,这就需要创业者结合自己的企业发展实际和营销需求,来做好营销宣传,尽量做到花钱少、效果好的借力宣传。借助销售商、合作商,甚至是竞争对手,来做好宣传。因此可以说,借力宣传对于创业公司来说,是最有效和低成本的一种营销,企业者可结合自身的情况,进行有效营销。

这里简单列举以下几种借力营销策略与案例。

1. 借力销售商

借力销售商的营销宣传适合生产型企业,如统一的店面设计、统一的横幅标语、统一的广告牌等,很多品牌在最开始起步时期都是采用这种营销模式。例如,公牛插座在没有一分钱的电视广告支出的情况下,通过让零售商挂统一的横幅,达到了"中国驰名商标"的宣传目的。

2. 借力关联企业

通过与自己有关联的企业来宣传自己、提高自己。如照相馆用拍得好的一些顾客的照片作为宣传;通过知名合作商来为自己宣传,提高自己的知名度。

3. 借力竞争对手

竞争对手如果强大,可以通过借助竞争对手来进行宣传,如每一个麦当劳附近都会有一个肯德基,再如早期电商发展时期,易趣占领网络市场,名不见经传的淘宝就整日宣传自己是易趣最大的竞争对手,如此提高了宣传力。

(七)创新能力

创新是企业的发展指导,任何一个企业都有其自身的生命发展周期,企业进行创新,就是不断地延长自己的成长期和成熟期。

从初创到企业发展成熟,企业的发展进入成长期后规模会不断扩大,员工不断增加,领导结构也会不断发生变化,企业会制订一些新的目标、规划,企业的各个方面都在发生着显著或者微妙的变化,随着企业的成熟,企业会逐渐向管理型企业过渡,制度、规划、专业化、合理化、控制等逐渐比生产和销售更加重要,企业会由生产、创造产品的机构变为官僚机构,曾经创业成功的简约的创业原则会逐渐被遗忘。要想让企业始终保持活力并获得可持续的发展,必须坚持创新,只有创新,才能获得可持续发展和增长的动力,才能始终抓住市场的脉搏、引领市场的走向,在市场竞争中处于主动地位。

四、大学生创业心智测评

在大学生职业规划中,创业是难度最大的一部分,创业需要天赋,需要创业者具备一定的创业能力,具备一定的心智条件。当前,在全面创业背景下,有很多机构,如企业、政府、学校、公益机构、风险投资机构等愿意为大学生提供创业资金,但是,这些提供资金的机构并不会盲目地对创业的大学生进行投资,它们会对大学生创业者进行全方位的评估,目的在于确保受资助创业者的创业成功率,提高创业资助与效益比,最后才决定要不要进行投资。

通常，创业投资者和投资机构会借助一定的工具对提出资助申请的准创业者进行筛查和初评，王沛、谌志亮（2011）开发的《大学生创业心智测评量表》从多个方面测评创业者的创业心理准备状态，以判别和评价潜在创业者的创业心智特点，为创业教育和创业投资提供了必要的心智指标与结构参考（图5-2）。①

根据王沛、谌志亮（2011）开发的《大学生创业心智测评量表》，制订了详细的创业心智测评指标（表5-1）与方法（表5-2），通过测评，大学生创业者可以充分了解自己的创业心智水平，判断自己是否适合创业或应该有针对性地提高哪一部分内容。同时，这些评估数据也能为创业教育研究者、创业投资者的决策提供参考。

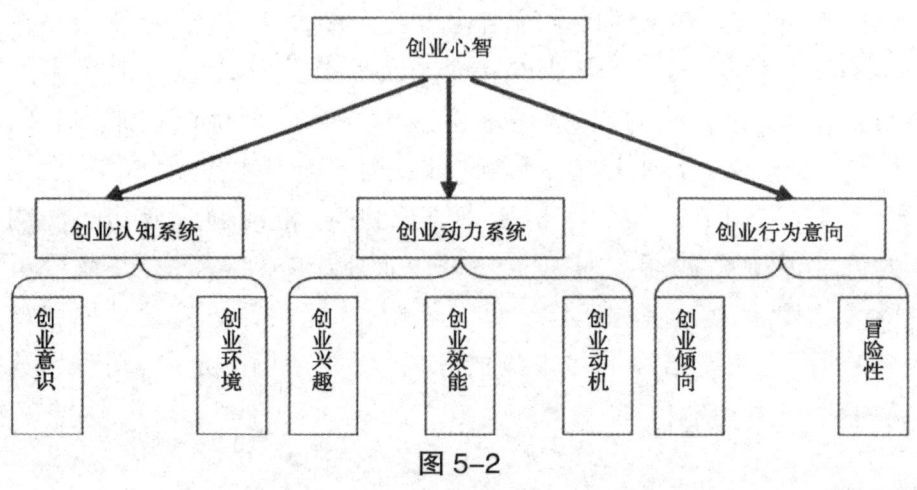

图5-2

表5-1　大学生创业心智测评内容

序号	陈述事项	等级判断				
		1	2	3	4	5
1	面对难题时，我从不轻言放弃					
2	我相信我能协调好创业中的人事关系					
3	我想创业因为它可以满足我挑战生活的愿望					
4	我知道如何准确把握创业市场需求					

① 王沛，胡发稳，左丹.大学生职业心理研究：基于职业决策困难与创业心智的视角[M].北京：科学出版社，2013.

第五章 大学生创业时代的到来

续表

序号	陈述事项	等级判断 1	2	3	4	5
5	我熟知创业的校内外配套服务					
6	遇到有挑战性的任务,我会很兴奋					
7	我喜欢收看与创业有关的影视节目					
8	我想创业是因为创业能激发我的潜能					
9	我知道创业需要哪些能力					
10	我喜欢观看财经资讯					
11	我知道自己的个性适合什么样的职业					
12	我了解当前大学生创业的法规、政策					
13	创业能拓展知识和技能,这是我想创业的动力					
14	我经常搜集创业相关信息					
15	我喜欢追求创业中的新观点、新事物					
16	我能找到创业大赛作品的改进方法					
17	我喜欢阅读创业相关书籍					
18	我经常参加与创业有关的活动					
19	我总是能够有效地与他人达成合作意向					
20	我坚信我的人际能力比大多数人强					
21	我容易想出改造各种现有物品的方法					
22	我知道该如何组织调用相关人员					
23	我想创业是因为创业能实现人们的职业理想					
24	我意识到了创业中有哪些艰辛和磨难					
25	我想创业是因为创业能够充分发挥我的自主性					
26	遇到问题,我喜欢尝试各种可能的解决办法					
27	我的创业价值观念比较超前					
28	我相信我有能力解决创业中的各种问题					

注:表中等级判断,结合陈述事项,"1 表示完全不符合,2 表示比较不符合,3 表示不确定,4 表示比较符合,5 表示完全符合",选出与自己最相符的项。

表5-2 大学生创业心智分值计算

创业心智	测评维度	计分方法	分数解释 高分（>3.50分）	分数解释 低分（<3.50分）
创业认知系统	创业意识	M=（第9题+第11题+第24题+第31题）/4	创业意识明确	创业概念模糊
	创业环境	M=（第4题+第5题+第12题+第29题）/4	了解创业市场环境	不了解创业市场需求
	创业认知系统（M）=（创业意识M+创业环境M）/2			
创业动力系统	创业兴趣	M=（第7题+第10题+第14题+第17题+第18题）/5	有从事创业的需要	没有从事创业的需求
	创业效能	M=（第2题+第19题+第20题+第22题+第28题）/5	协调、合作、组织能力强	缺乏创业所具备的人事协调、合作、组织能力
	创业动机	M=（第3题+第8题+第13题+第23题+第25题）/5	创业愿望强烈	创业愿望不强烈
	创业动力系统（M）=（创业兴趣M+创业效能M+创业动机M）/3			
创业行为意向	创新倾向	M=（第16题+第21题+第27题+第30题）/4	有创新意识	缺乏创新意识
	冒险性	M=（第1题+第6题+第15题+第26题）/4	敢于挑战、不轻言放弃	不愿尝试新事物
	创业行为意向（M）=（创新倾向M+冒险性M）/2			
创业心智（M）=（创业认知系统M+创业动力系统M+创业行为意向M）/3				

第六章 大学生创新创业

大学生创新创业可以最大限度地靠近和实现自己的职业理想与人生梦想。大学生创业是大学生发现市场需求、寻找市场机会，通过投资经营企业满足市场需求的活动。创业的本质是一种生活方式，大学生通过自主创业寻找机会、整合资源、创造价值、体现价值。现代社会是一个需要不断创新的社会，大学生创新创业不仅能缓解就业压力、刺激自我社会价值最大限度地实现，还能为建设创新型国家助力。因此，国家鼓励大学生创新创业，大学生也有强烈的创新创业意愿，这是人才发展与社会发展的高度契合。本章重点就大学生创新创业的"双创"教育、大学生创业意向及需求、大学生创业选择与误区、"互联网+"时代的大学生创业进行分析、反思，以为新时期大学生科学创业提供参考与启发。

第一节 "双创"背景下的大学生创新创业教育

一、"双创"简析

（一）"大众创业、万众创新"的提出

"大众创业、万众创新"是在我国社会经济发展发生了重大变革的背景下提出的应对社会经济发展新形势的发展策略，是新时期实现国富民强的"强国梦""中国梦"的发展策略。

2014年9月，第8届夏季达沃斯论坛在天津开幕，论坛上李克强总理发表讲话，提出要在我国掀起"大众创业""草根创业"的新浪潮，形成"万众创新""人人创新"的新势态。

2014年11月，第1届世界互联网大会（World Internet Conference，简称WIC）在中国浙江乌镇召开，李克强总理再次提到了"大众创业"和"万众创新"，强调要通过科技创新促进中国经济发展。

2015年《政府工作报告》中，"大众创业"和"万众创新"频繁出现，各地"创客"发展备受关注。报告还强调"让人们在创造财富的过程中，更好地实现精神追求和自身价值"，正式吹响了"双创"的号角。

2016年5月，国务院印发《关于建设大众创业万众创新示范基地的实施意见》，系统部署"双创"示范基地建设工作。

2017年，政府相继发布了《关于促进开发区改革和创新发展的若干意见》（国办发〔2017〕7号）、《关于创新管理优化服务培育壮大经济发展新动能加快新旧动能接续转换的意见》（国办发〔2017〕4号）、《关于强化实施创新驱动发展战略进一步推进大众创业万众创新深入发展的意见》（国发〔2017〕37号）、《关于深化"互联网+先进制造业"发展工业互联网的指导意见》等7个文件，不断改革完善创业政策环境，努力实现"双创"政策全覆盖。

2018年9月18日，国务院下发《关于推动创新创业高质量发展打造"双创"升级版的意见》。同年12月，"双创"当选为2018年度经济类十大流行语。

2019年两会期间，习近平总书记参加福建代表团审议时强调，要营造有利于创新创业创造的良好发展环境，向改革开放要动力，最大限度释放全社会创新创业创造动能。

大学生是国家的重要人才资源，促进大学生就业是缓解当前就业压力、避免人才浪费的重要工作，"大众创业、万众创新"的提出，为大学生创业提供了机遇。目前，大众创新创业的时代已经到来。

（二）基于创新2.0时代的"双创"展望

创新2.0，是创新1.0的升级，1.0是指工业时代的创新形态，2.0指信息时代、知识社会的创新形态。创新1.0是以生产为导向、以技术为出发点的创新，创新2.0是以人为本、以服务为导向、以应用和价值实现为核心的创新。

从本质上来看，创新2.0时代的"大众创业、万众创新"，是知识社会条件下创新民主化的展现。面向知识社会的创新2.0主要由三部分内容构成（图6-1），即科学2.0、技术2.0、管理2.0，它们互为支撑，互为动力，共同促进了我国当前的创新社会形态的发展。

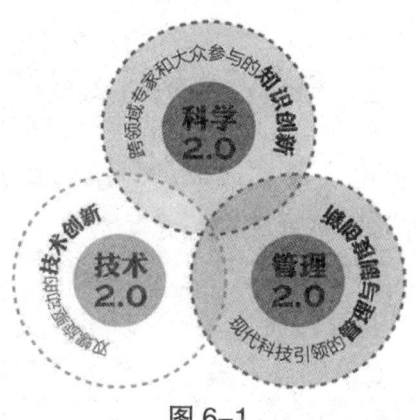

图 6-1

创新2.0时代，用户创新涌现及其协同创新、开放创新发展，进一步有力地推动了大众创新，大众创业、万众创新有了更好的社会发展基础与条件。

从创客到众创，是创新创业的中国特色发展经验。

二、新时期创新人才的培养

新时期，我国要实现国富民强和中华民族伟大复兴的"中国梦"，就必须重视人才的培养，尤其要重视创新型人才的培养。新时代，社会发展、人民幸福，各种"中国梦"实现的关键最终都要落到各类人才身上。人才在各个领域的创新能为我国社会发展奠定良好的思想、知识、技术基础。

(一)创新人才培养的结构

21世纪不同国家、地区、行业之间的竞争归根结底是人才的竞争。当前社会对人才的综合素质要求越来越高,在人才需求方面表现出多元化的特点,在高等教育大众化时代,青年人对高等教育的求学需求是多样化的,因此,教育系统的人才培养模式也应多样化。

现阶段,为了适应经济社会发展对人才多样化的需求,同时为了满足青年人对高等教育多样化的求学需求,我国高等教育人才培养模式是多样化的、多层次的。我国非常重视高新技能型人才、复合型人才的培养,《国家中长期人才发展规划纲要(2010—2020年)》明确提出了"高端引领,整体开发"的人才培养基本方针,强调要突出培养造就创新型科技人才、大力开发经济社会发展重点领域急需紧缺专门人才。

根据《国家中长期人才发展规划纲要(2010—2020年)》的要求,以及我国经济社会发展需要"数以亿计的高素质劳动者、数以千万计的专门人才和一大批拔尖创新人才"的现状,我国建立了人才培养的金字塔结构(图6-2)。

在我国人才培养金字塔结构中,技能型人才培养是我国人才培养的重要基础;复合型、应用型人才是我国人才培养的主要任务;拔尖创新型人才是我国人才培养的目标。

(二)创新人才培养的模式

人才的培养是一个复杂和系统的过程,需要建立相应的人才培养模式,整合各类资源培养人才。目前,在我国高校教育中,高校人才培养模式主要是围绕"培养什么人""用什么培养人""如何培养人""培养的人怎么样"四个问题来思考和谋划的,整个人才培养模式涉及以下几个基本模式要素。

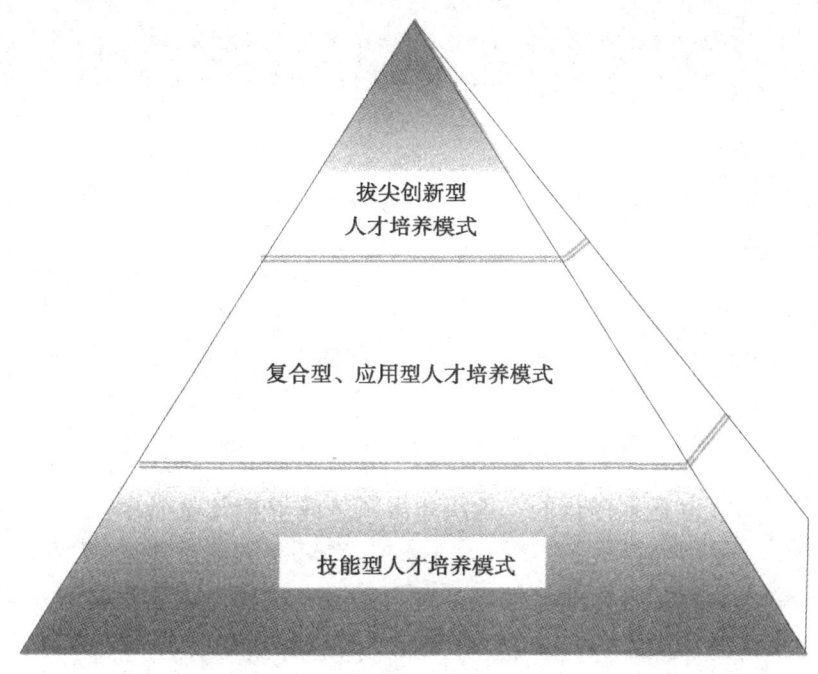

图 6-2

1. 培养目标

人才培养目标是培养者对所要培养出的人才质量和规格的总规定。人才培养模式构建的最终目的就是实现培养目标。

在人才培养模式中,培养目标是人才培养模式中的决定性因素,培养目标为具体模式的科学构建和运行指明了具体的方向,是人才培养活动的重要出发点和归宿,其重点解决的是"培养什么人"的问题。

新时期,我国人才培养目标的确定应符合以下基本要求。

（1）培养符合社会发展要求的人才。

（2）培养目标要以学生的实际发展为目的,应符合学生发展要求,确保学生身心健康、全面发展,不断调动其主观能动性和创新力。

（3）培养目标应体现出系统性特征,不同细小目标之间既有横向联系,也有纵向关系,使人才的培养能保持持续性。

（4）培养目标应具有多元化特征。社会对人才的需求是多元化的,因此,人才培养目标也应当坚持多元化优化创新。

2. 培养内容

人才培养内容具体是指为了实现培养目标,制定的培养制度,以及选择的教育内容、形式及其进程的总和。

在人才培养模式中,培养内容解决的是"用什么培养人"的问题。高素质人才的培养,培养内容的确定非常关键,应具备以下基本特点。

（1）培养内容要具有实用价值。

（2）现代社会迅猛发展,信息与知识的增长几乎是爆炸式的,在人才培养过程中,应不断创新教材、广泛开发人才教育教学资源。

（3）注重学生的创新意识、创新理念的培养。

3. 教学方法

教学方法是为实现教学目的而采用的手段、方式、措施和途径等的总和,是教与学的统一。

在人才培养模式中,培养方法解决的是"如何培养人"的问题,重点涉及高校针对大学生的具体教育教学方法。教学方法应有助于教师与学生之间的有效互动,应有助于学生学习的主动性与积极性的调动。

4. 评价体系

评价体系是对实施教育的过程和结果进行考核和测评。科学的人才评价体系是保证人才培养质量和培养目标实现的重要措施。

在人才培养模式中,评价体系解决的是"培养的人怎么样"的问题,主要涉及培养结果层面的质量的考核评价。

科学的评价体系有助于对整个人才的培养质量进行有效的

信息反馈,从而对人才培养过程中不妥的地方进行调整,使人才的培养更加高效,质量与数量不断提高。

三、现代创业人才的培养

(一)创业人才培养的目标

现阶段,结合我国社会经济发展实际,我国培养创业人才,应达到和实现如下基本人才培养目标。

1. 激发学生的创业意识

创业意识,是在创业实践中对个体起到动力和核心作用的一种意识倾向,它支配着创业者对于创业的态度和行为,决定了行为的方向和强度。

创业人才培养,应注重激发学生的创业意识。个人创业行为的实现首先要以创业意识作为基本前提,如果没有创业意识,对创业不感兴趣,个体是不会选择创业发展道路的。创业教育要使学生认识到,创业是解决就业问题的重要途径之一,使其转变就业观念,树立创业的信心和精神。

在创业人才培养中,尤其要重视对学生的以下创业意识的培养。

(1)培养学生坚忍不拔的毅力、愈挫愈勇的精神。

(2)培养学生的自我发展、开拓进取的主体意识。

(3)培养学生的鲜活、充满活力、不墨守成规、敢作敢为的性格。

(4)培养和强化学生的市场开拓意识。

(5)培养学生独立的思维方式,勤于思考,善于观察,审时度势。

(6)营造追求新知和真理的氛围。

(7)激发学生的好奇心、创业欲望和进取精神。

（8）培育学生适应创业的良好心理素质,包括自信心、竞争意识、适应性、良好的社会道德感和社会责任感等。

2. 丰富学生的创业知识

要创业,必须掌握与创业有关的知识,创业人才培养就是要在创业教育中使学生掌握创业必备的相关知识,具体知识内容与要求如下。

（1）专业知识要扎实深厚。

（2）非专业知识要广博。

（3）学生应掌握相关的商业知识。

（4）学生应掌握企业管理知识。

（5）学生应掌握法律法规知识。

3. 培养学生的创业能力

创业能力包括组织决策能力、与人沟通合作的能力、自我管理能力、社交能力以及语言表达能力等。创业能力的强弱从根本上影响着创业是否能成功以及新创企业是否能走得长远。

针对大学生的创业教育,应鼓励学生岗位创业,也要支持学生自主创业,学会自我发展,培养学生具有创业的胆量、勇气和开拓精神。在此基础上,要重视对大学生的创新能力的培养,丰富创业课程,并拓展第二课外课堂活动,创造条件为大学生提供各种实习或实践的机会。

（二）创业人才培养的内容

创业并非易事,对于创新人才的培养要涉及与创业相关的各个方面的思想、意识、知识与技能。丰富完善的创业人才培养内容体系有助于学生的知识与技能的丰富与拓展,有助于为大学生之后创业奠定良好的知识能力基础。

现阶段,我国创业人才培养的教育教学内容主要包括创业意识、创业知识、创业技能、创业实践等方面的内容(表6-1)。

第六章　大学生创新创业

表 6-1　创业人才培养内容

创业人才培养内容	创业人才应掌握的内容	
创业意识	自主创业意识	岗位创新、自主创业
	艰苦创业意识	艰苦奋斗、奋力拼搏
	合作创业意识	学会竞争、学会合作
创业知识	专业知识	技术知识
		管理知识
		财务知识
		税务知识
		商业知识
		法律知识
	社会经验	注重实践
创业技能	决策能力	学会分析与判断
	经营管理能力	学会经营
		学会用人
		学会理财
		讲诚信
	交往协调能力	妥善处理与公众的关系
创业实践	良好的创业心理品质	自强不息、竞争进取、顽强拼搏
	创业精神	自信、自强、自立、果断、有远见

四、我国创新创业教育体系建设与完善

(一)"卓越计划"的实施

我国的创业教育以 1998 年清华大学的"创业计划大赛"作为开端。2002 年 4 月,教育部确定了清华大学、中国人民大学、黑龙江大学等九所高校作为创业教育的试点院校。

2005 年 8 月,KAB 创业教育项目引入我国,"Know About Business",即"了解企业",是国际劳工组织为培养大学生的创业

意识和创业能力而专门开发的教育项目。[①]

2010年6月,为了更好地迎接和适应我国社会经济发展转型期的发展,进一步适应我国的新型工业化道路的战略部署,进一步满足我国经济发展转型升级,进一步全面提升国际竞争的紧迫需求,培养造就一批创新创业能力强、适应社会发展需要的高素质人才,为建设"创新型国家"和"人才强国"战略服务,我国教育部启动和实施了"卓越工程师教育培养计划"(简称"卓越计划"),首批试点61所高校,纳入高校人才创业教育体系,创建了新时期我国创新创业人才培养的重要模式。

我国高校"卓越计划"的实施主要集中于以下几个方面。

1. 建立卓越工程师培养模式

在"卓越计划"推动实施下,我国高校积极探索卓越工程师培养模式。例如,湖南大学确立了卓越工程师培养的基本思路:以"素质""知识""能力""准职业化"为四轮驱动,突出企业参与人才培养,着力提高学生工程意识、工程素质、工程实践能力和创新能力。[②]

2. 优化创业教育师资队伍

要培养高素质的高校大学生,离不开高素质的教师在教育教学中发挥重要作用。为提高我国高校教育教学质量,我国各高校应积极引进高水平教师,以便于为学生创业提供更好、更加专业的教学指导。同时,也要积极引进和外聘优秀的企业家和经验丰富的行业专家来校兼任教师,为大学生创业提供信息资源和创业指导。

3. 校企联合培养创新型人才

"卓越计划"由校企合作、高校与政府合作,主要目的在于为

---

① 李新宇.美国"聚集型"创业教育对我国创业教育的启示[J].教育教学论坛,2015(42):1.
② 孙德林.创新创业多样化人才培养模式研究:基于"本科教学工程""专业综合改革"视角[M].北京:科学出版社,2013:65.

第六章 大学生创新创业

大学生创业提供各方面的支持,形成一种全新的创业人才新模式。

一些高校积极探索创新创业人才培养的教育教学方法与途径。目前,许多高校都建立了校企联合培养人才的机制,例如,北京邮电大学与企业联合培养创业人才;浙江科技学院与政府合作;上海工程技术大学引进企业高级工程师兼任讲师。这些成功的创新创业教育经验为我国高校创新创业教育的全面化开展提供了经验参考。

(二)创新实践平台的构建

创新教育是一项系统工程,创新创业教育不应只局限于课堂和书本上的知识,应为大学生提供更多的创业实践机会。因此,必须搭建创新实践平台,探索一种符合我国国情的、完善有效的创新实践人才培养新模式。

张庆英结合高校本科生的教育教学指出,要构建一个科学的大学生创新实践平台,就必须将学科建设、人才建设与科技发展统一起来,实现人才和资源的共享,形成一种新的、交叉的科研组织运行模式,明确各年级大学生的创新能力培养计划与目标(图6-3)。[①]

图6-3

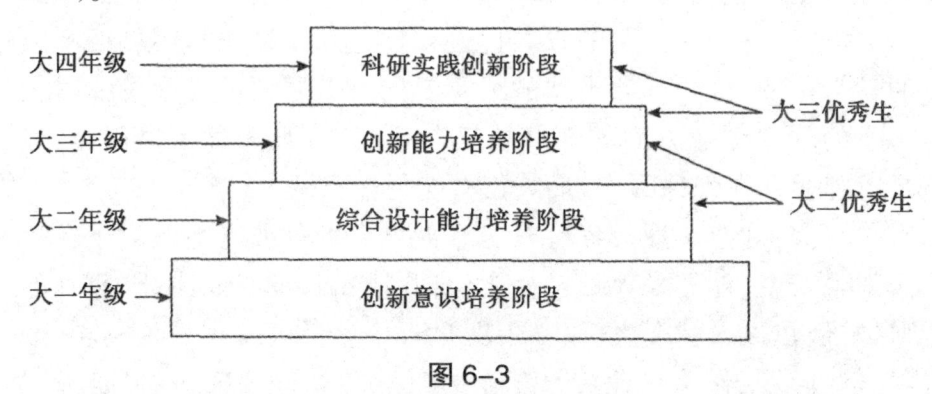

现阶段,我国已经形成了较为完善的三大创业教育模式,具体如下。一种是以中国人民大学为代表的"以学生整体能力、素

---

① 张庆英.创新教育与教育的创新[M].北京:中国财富出版社,2016.

质提高为重点的创业教育";一种是以北京航空航天大学为代表的"以提高学生的创业知识、创业技能为侧重点的创业教育",旨在建立大学生创业园进行商业化运作,为学生创业提供资金资助以及咨询服务;还有一种是以上海交通大学为代表的"综合式创业教育",它将创新教育作为创业教育的基础,重学生基本素质的培养,同时为大学生创业提供各种咨询与支持。从理论上讲,"综合式创业教育"模式是最科学的创业教育模式,它既有知识的传授,又为学生提供创业资金和技术咨询,但目前,在我国高校运行起来存在资金短缺的问题。大学生创业资金由高校支持显然不太现实,但通过尝试高校与企业合作是解决大学生创业资金支持的一个有效途径。[1]

（三）重视创新创业心理教育

个人心理因素对个人的发展与成长有着十分重要的影响。大学生创新创业教育不应仅局限于知识、技能方面,还应该重视加强大学生的创新创业心理层面的教育。大学生创新创业心理教育是十分重要而且必要的。

首先,创业心理教育可以提升高职学生的创业率。有调查显示,大学生有创业意愿的人数比例要远远超过真正付诸创业实践的学生比例,这种现象出现的最主要的一个原因就是高校针对大学生的创新创业方面的教育缺乏心理教育,很多学生想创业,但是对创业存在种种顾虑,最终没有能付诸实践。

其次,创业心理教育可以提升大学生的创业能力。对于在校大学生来说,他们未曾踏足社会,自我成长长期受到家长、教师的呵护,但在进入社会之后,在创业过程中难免会出现各种问题,面对这些问题,作为创业者,应学会坦然面对、理性面对,要有较强的心理承受能力。高校创新创业教育应重视学生的心理教育,健

---

[1] 李新宇.美国"聚集型"创业教育对我国创业教育的启示[J].教育教学论坛,2015（42）：1.

第六章　大学生创新创业

全学生的心理素质,提升个人的创业能力。[①]

(四)完善创新创业教育评价体系

大学生创新创业教育是一个复杂的系统,受多种因素的影响。要培养出高素质的全面发展的创新创业型人才,就必须重视对创新创业教育的定期和不定期评价,以不断发现大学生创新创业教育中存在的各种问题,并及时纠正、改善。

仍以大学本科为例,针对大学生的创新教育应制订"软性评价指标"和"硬性评价指标"体系(图6-4),通过各个指标的依次、有针对性的评价,发现大学生创新教育中的不足,以促进大学生创新教育的不断完善。

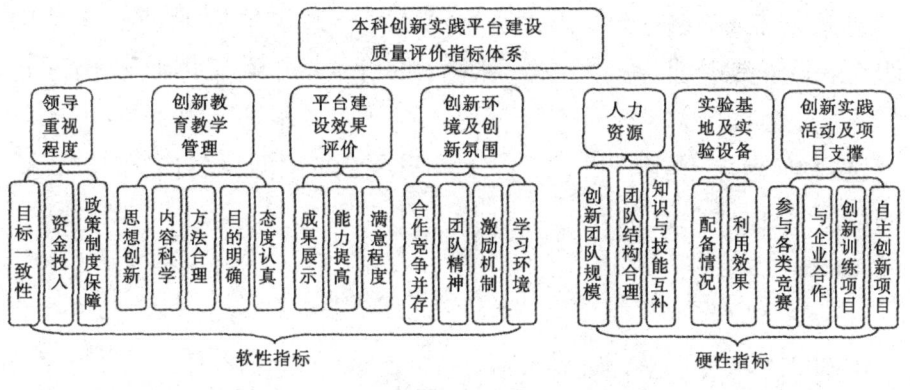

图6-4

比起西方发达国家,我国的创业教育还处于起步阶段,随着国家各项大学生创业优惠政策的逐步推出,大学生创业是大势所趋,我国的创业教育任重而道远。[②]

---

① 楼智慧,程艳冉.新形势下高职学生创业心理教育面临的困境及解决对策[J].科学咨询(教育科研),2019(21):32.
② 李新宇.美国"聚集型"创业教育对我国创业教育的启示[J].教育教学论坛,2015(42):1.

第二节　新时期大学生创业意向及需求

一、新时期大学生创业意向

创业意向是个体打算创建一个新企业,并有意识地计划在将来某一时间付诸实践的信念。

(一)大学生创业动机

创业动机是大学生产生创业意向的重要基础,可以说,创业动机是创业意向的一个诱导。调查显示,大学生创业动机主要有四个,即解决就业、随大流、实现自我价值、希望能拥有较高经济收入(对金钱的渴望)等(图6-5)。[①] 其中,实现自我价值是大学生选择创业的主要动机,这充分表明了大学生大部分都具有正确的创业观和社会价值观。

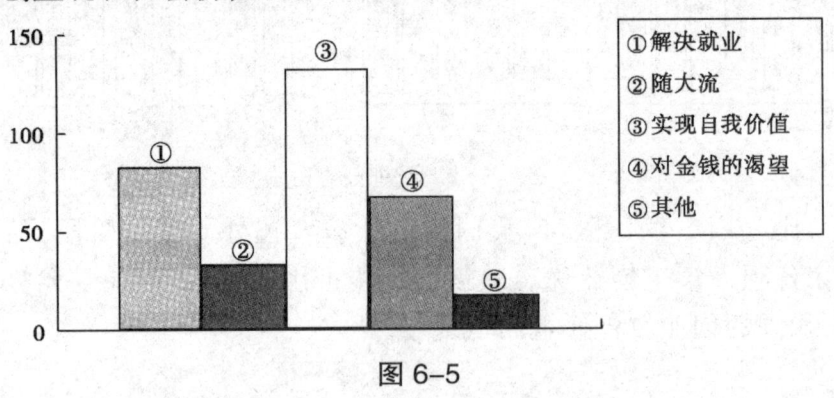

图 6-5

(二)大学生创业意向影响因素

大学生创业意向受多种因素的影响,是一个复杂化的多种因素的综合结果。影响因素包括外界环境因素,也包括自我条件因

---
① 奚国泉.创业人才培养研究[M].北京:清华大学出版社,2013.

素；有学科专业因素，也有行业发展因素；有他人干预因素，也有个人志向因素，等等。有研究指出，在其他条件与环境相当的情况下，人文社科类与理工类高校大学生创业意向程度的不同是由于其主流学科特征不同以及其造成的四个影响大学生创业意向的因素不同而形成的(图6-6)。①

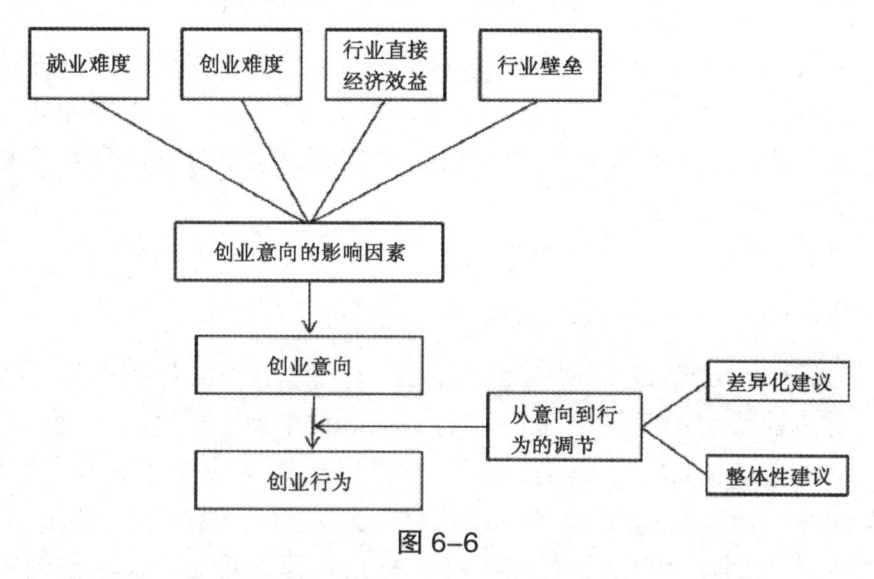

图 6-6

二、新时期大学生创业需求

大学生创业需要各方面条件的成熟，也需要有良好的外环境与内环境，需要"天时、地利、人和"。从宏观层面来说，大学生创业需要有良好的政策环境、社会环境，即大学生创业有政策需求、社会环境需求、市场需求；从微观层面来说，大学生创业需要有好的团队、充足的资金、场所等，即大学生创业有团队建设需求、资金需求、场地需求。

相较于外部宏观环境与条件来说，大学生创业的个人条件更具有可操作性，因此，这里重点对大学生创业的可控性、个人主导性需求分析如下。

---

① 李晓雯，陈静雯，邢浩.大学生创业意向及需求调查研究——基于不同类别高校的比较[J].现代商贸工业，2019（7）：82-83.

（一）团队建设需求

现代社会，个人的竞争力有限，团队竞争更具优势。大学生创业，不仅需要个人具有较强的创业能力，还需要一个优秀的团队。有俗语称"宁要二流的点子、一流的团队，也不要一流的点子、二流的团队"，由此可见团队的重要性。

从操作性上来讲，创业不可能只靠一个人就能成功，一个人的企业是不存在的，企业各项业务与活动的开展与组织总是需要有人负责，创业是需要要一个团体来实现的。因此，在创业之前要组建一个好的团队。

要建设一个优秀的创业团队，寻求合作者，应明确以下几点。

1. 团队成员要有共同的奋斗目标

目标是团队建立和发展的前提。任何一个团队的建立都是基于某种特定的目标之上的，共同的奋斗目标是凝聚团队力量的一个很重要的因素。拥有共同目标可以使团队成员通力协作，激发创业热情和积极性，增强团队凝聚力。创业是很难的一件事情，尤其是在创业初期，会遇到各种各样的问题，可能很长一段时间会劳而无获，靠的就是团队坚定的目标与信念支撑。创业者们一定要能够拧成一股绳，心往一处想，劲往一处使，互相配合，互相支持，共同克服，如此才能创业成功。

2. 团队人员的组合结构要合理

从人力资源管理的角度来看，建立优势互补的创业团队是保持创业团队稳定的关键。创业需要面临很多的事务，因此，创业团队在人员结构上一定要合理，要有组织协调人员、技术人员、财务会计人员、营销业务人员、生产组织人员等，任何一个重要岗位上都不能缺人少人。从管理层面来看，创业团队中要有领导者，也要有组织者、生产者、人际关系协调者、领导与决策者、技术人员等，在一个团队中，不同的人扮演着不同的角色，各方互补、协作才能让企业快速成长并走得长远。因此，在创建一个团队的时候，不仅仅要考虑相互之间的关系，最重要的是考虑成员之间的

第六章　大学生创新创业

能力或技术上的互补性。当然,也必须认识到,任何一个团队从一开始就具备全部企业所需要的各方面能力的人员也是不现实的,可以随着创业的进行,不断吸纳新的合作者加入创业团队,完善团队建构。

3. 创业团队成员之间必须团结

一个优秀的创业团队内部成员应该是彼此信任、能够同甘共苦的。首先,团队成员之间必须相互信任,在创业过程中,创业者需要竭力维护这种互信。其次,团体成员之间必须能共同承担责任,团队成员对创业团队的责任感是建立在有共同的团队目标基础之上的。

(二)办公场地需求

任何创业都需要有个一个固定的办公和经营场所,选择经营场所是大学生创业者的前期准备工作之一。创业选址应结合创业项目性质不同合理选择。

1. 生产型企业选址

首先,生产型企业,以商品为主要盈利标物,为了实现产品变现,应该选择交通便利的地方,以便于企业所生产的产品的对外运出。

其次,生产场地应具有良好的用于生产的物质基础设施条件,有良好的生产用电和用水条件,以免因经常停电、停水而影响生产。

再次,生产所使用的原料基地、劳动力资源要尽量靠近企业。

最后,结合政策条件,考虑企业用地的优惠地点选择。

2. 商业型企业选址

商业企业的生存与发展追求规模效应,需要在客流量大的商圈选址,并具有一定的辐射范围。

一般来说,初创企业规模小,缺乏店铺租赁资金,因此,初创企业可以结合企业的具体情况,选择租柜台、委托代销、联合经营等多种方式,抢占商业圈一角,站稳脚跟后再逐渐扩大场地。

3. 服务型企业选址

服务型企业包括很多类,各类型经营特点不同,选址需求也不同。但不管哪种类型的服务型企业,都应该结合服务对象来选址,充分考虑服务对象的便利性。

例如,服务对象为居民,选址居民区附近最佳;服务对象为学生,企业选址应临近学校;服务对象为社团机关,应在服务对象临近地选址。

需要特别提醒创业者的是,选址对于初创企业扩大经营非常有利,但是一个企业真正的竞争力还是要放在经营管理方式上,否则,再好的选址,经营管理不科学,也只能导致创业失败。

(三)创业资金需求

创业需要资金,这是毋庸置疑的。大学生创业,必须要有前期的资本投入,然后才能有之后的产出与收益。

大学生创业所需资金可以从以下几个渠道筹集。

1. 家人朋友资助

一般来说,大学生创业,最先想到的资金来源就是向家人和朋友借钱。通常,家人和朋友的资金能力是有限的,因此向家人和亲友筹集的创业项目适合启动资金规模较小的创业项目。

2. 合伙入股

合伙入股是当前很多创业者都普遍乐于接受的资金筹集形式,合资创业同时还能有效解决创业团队的建设问题。合伙创业,具体是指几个人组成创业团队,共同出资进行创业活动。合伙入股进行创业不但可以多渠道地筹集资金,还可以充分发挥团队的优势作用。

需要特别指出的是,合伙入股创业应提前商议并明晰投入与收益比例,以避免以后不必要的经济纠纷。

3. 银行贷款

我国鼓励和支持大学生创业,银行在为大学生创业者提供贷

第六章 大学生创新创业

款方面存在很多优惠。目前,比较适合大学生创业者的银行贷款主要有商业抵押贷款和担保贷款两种,前者是借款人以其所拥有的财产作抵押获得银行贷款的担保;后者是借款方向银行提供符合法定条件的第三方保证作为还款保证。[①] 两种贷款方式各有特色。

(1)商业抵押贷款

抵押期间,借款人可以继续使用作为抵押的财产(动产、不动产、无形资产)。

借款人到期不能按时还款时,银行将依法对抵押物进行折价或拍卖、变卖,用所得钱款优先偿还债务的融资行为。

(2)担保贷款

借款方不能履约还款时,银行有权按约定要求保证人履行或承担清偿贷款连带责任的借款方式。

4. 风险投资

和上述几种创业资金筹措方式相比,风险投资是一种高风险高回报的投资,风险投资家以参股的形式进入创业企业。这种投资主要是通过大学生创业者售卖技术或创意来换取投资,创业资金可迅速筹集到位,但是也存在有大学生急于得到创业启动和周转资金而贱卖技术和创意的情况,大学生应综合考虑,权衡利弊,慎重做决定。

(四)企业登记注册

创业过程中,团队、场地、资金都就位以后,就要真正付诸实践创办企业了。大学生创办企业应合法,应依据法定程序到相关部门登记注册才能对外正式运营。

大学生创业时登记与注册企业,应重点做好以下工作。

1. 确定企业名称

企业名称是企业经营所使用的独特称号,是企业具有法律主

---

① 李学东,潘玉香.大学生创业实务教程[M].北京:经济科学出版社,2006.

体资格的必要条件,是企业区别于其他企业的标志。一个好的企业名称对品牌打造和商业推广会有意想不到的效果,大学生创业应慎重考虑企业的名称。

在我国,企业名称由四个部分依次组成:行政区划+字号+行业或经营特点+组织形式。企业名称确定,应明确以下几点。

(1)除国务院决定设立的企业外,企业名称不得冠以"中国""中华""全国""国家""国际"等字样。

(2)企业应当根据其经营范围,依照国民经济行业分类在企业名称中标明所属企业以反映其经营特点。

(3)企业名称中的组织形式包括有限公司(有限责任公司)或者股份有限公司,合伙企业、个人独资企业等不得申请为"有限公司(有限责任公司)"或"股份有限公司",非公司制企业可以申请用"厂""店""部""中心"等作为企业名称的组织形式。

(4)一个企业只能使用一个名称,且必须使用独立企业名称,不得在名称中包含另一个企业名称。

(5)企业名称不得含有法律或行政法规禁止的内容。

(6)企业名称的用字要符合相关规定。

(7)企业名称不得含有有损国家利益、社会公共利益、道德,不符合民族和宗教习俗的内容。

2. 企业名称预先核准

创业者要根据规定提交相关材料,向工商部门申请企业名称核准,工商部门将在受理企业提交的全部企业名称预先核准申请材料之日起10日内,对申请核准的企业名称作出核准或驳回的决定。

预先核准的企业名称保留期为6个月。企业有正当理由在6个月内未能完成设立登记的,保留期届满前,可申请延长保留期,延长保留期不得超过6个月。

3. 确定法人和法定代表人

法人,指具有民事权利能力和民事行为能力,依法独立享有民事权利和承担民事义务的组织。我国《民法通则》规定法人应具备以下条件。

（1）依法成立。

（2）有必要的财产或者经费。

（3）有自己的名称、组织机构和场所。

（4）能够承担民事责任。

法定代表人,指依照法律或者法人组织章程规定,代表法人行使职权的负责人。法定代表人的权力,由法人赋予。

4. 登记企业法人住所和经营场所

企业法人住所是指企业法人的主要办事机构所在地。主要办事机构是指首脑机构或主要管理机构。如果无固定住所,就可能找不到企业在什么地方,企业也就无法承担经济责任和法律责任。经营场所是指企业法人主要业务活动、经营活动的处所。经营场所是企业进行生产、经营、服务的基本条件,厂房、店堂的大小是确定企业经营规模的依据之一。

进行企业法人住所和经营场所登记所需要的材料主要有企业法人住所和经营场所的产权证明、房屋租赁协议（房屋租赁的期限必须在1年以上）等。

5. 登记注册资本

注册资本是投资人对企业的永久性投资,是经国家确认的公司独立财产的货币形态,包括流动资金和固定资产以及无形资产,也叫法定资本。

注册资本,容易和注册资金混淆,二者是完全不同的两个概念与事物。注册资金是国家授予企业法人经营管理的财产或企业法人自有财产数额。注册资本由公司行使财产权,股东不得抽回投入资本,注册资金会随实有资金变化而变化。

6. 登记经营范围

我国《民法通则》规定:"企业法人应当在核准登记的经营范围内从事经营。"

以在北京市注册企业为例,一个新的企业（内资企业）登记注册流程具体如图 6-7 所示。

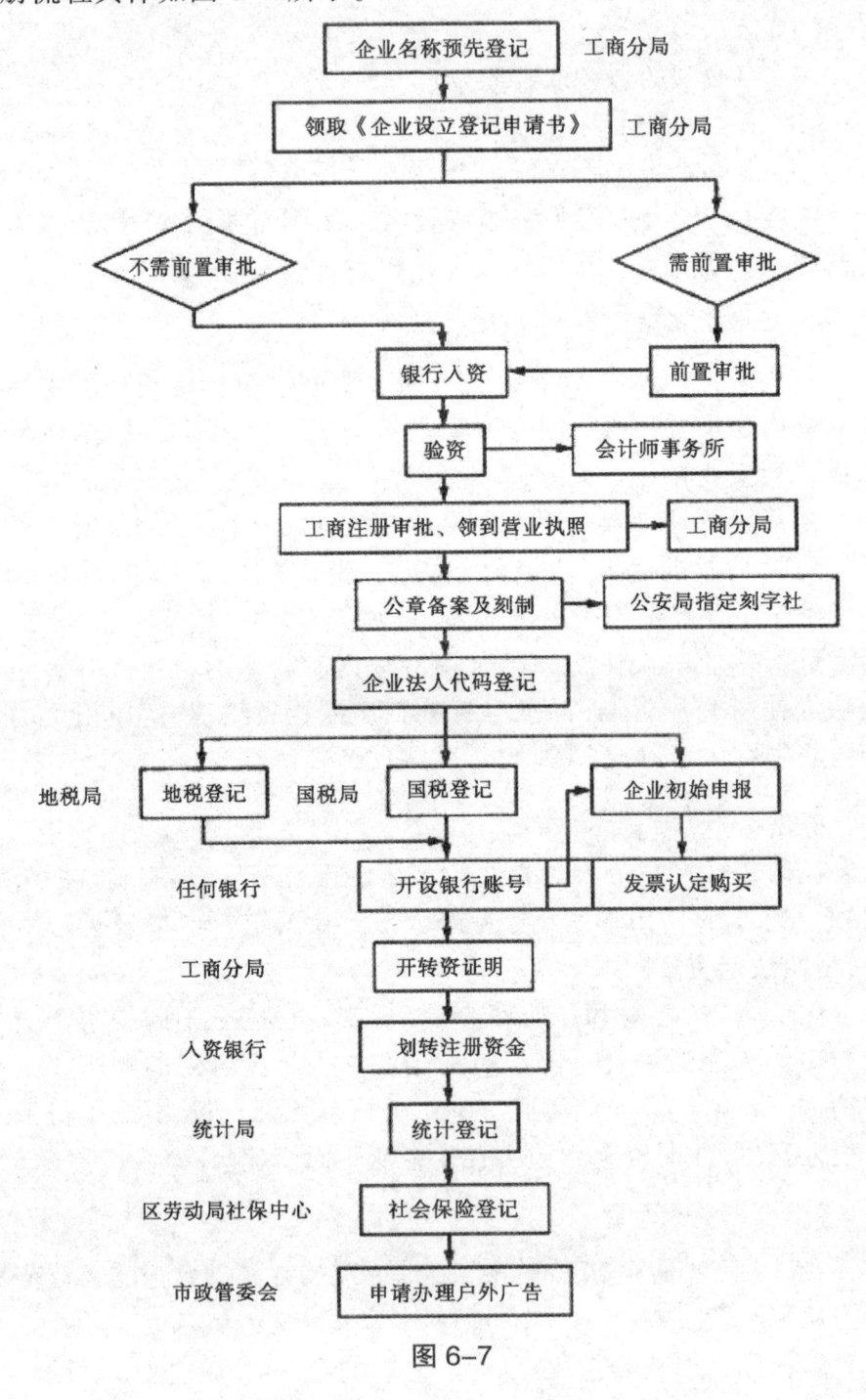

```
                    企业名称预先登记    工商分局
                           ↓
                  领取《企业设立登记申请书》  工商分局
                    ↓              ↓
              不需前置审批        需前置审批
                    ↓              ↓
                    ↓           前置审批
                    ↓              ↓
                   银行入资 ←———————┘
                    ↓
                   验资 → 会计师事务所
                    ↓
             工商注册审批、领到营业执照 → 工商分局
                    ↓
                公章备案及刻制 → 公安局指定刻字社
                    ↓
                企业法人代码登记
          ┌─────────┼─────────┐
  地税局  地税登记  国税局 国税登记 → 企业初始申报
                    ↓              ↓
          任何银行  开设银行账号 ← 发票认定购买
                    ↓
          工商分局  开转资证明
                    ↓
          入资银行  划转注册资金
                    ↓
          统计局    统计登记
                    ↓
     区劳动局社保中心  社会保险登记
                    ↓
          市政管委会  申请办理户外广告
```

图 6-7

第三节　大学生创业选择与误区

一、大学生创业选择

（一）创业方向的选择

1. 科技成果

当前社会,科学技术发展迅速,高校是培养高科技人才的重要场所,大学生如果在某一领域有科技成果,则可以利用自己的成果走科技创业的道路。

大学生进行科技创业时,要充分利用学校的资源,如校内其他人的科技成果、技术,以及校内有些设备、教师和同学等学校资源,将其转化为具有现实意义的成果。

2. 科技服务

大学生可以通过学校、教师加强与企业的联系,帮助企业解决科技难题,为企业提供科技服务,从而实现科技创业。如果某项科技服务成果能成为大企业的一个长期的配套产品或服务,这将为创业者奠定一个稳定发展的基础。

大学生创业应立足实际,切忌好高骛远,不一定把眼光放在改变社会生活的大项目上,与人们日常生活联系密切的小的科技服务产品也可能有大的市场。

3. 信息技术

在现代知识经济社会,信息技术发展迅速,IT产业一直被视为大学生争抢就业与创业的"香饽饽",信息技术领域成为就业和创业的热点领域。大学生可以借助互联网信息技术的发展来进行创业,如电子商业服务。

电子商务成本低，不受时间、空间限制，大学生从小接触计算机，大学生网上创业不应停留在网上开店、买卖传统商品上，可结合自身特点提供一些网上智力服务，或开发创意电子商务。

4. 智力服务

大学生创业应发扬自己的知识优势，选择一些需要知识和专业的智力服务，如翻译、电脑维修维护、家教培训等，或把软件设计应用到一些传统行业、中小企业、商务及商业连锁领域中。

5. 创意小店

大学生思维活跃、学习能力强、喜欢接受新鲜事物，可以发挥自己特点开一些有创意的小店。例如，陶艺、绣艺DIY店、幼儿绘画坊、个性礼品店、个性饰品店、咖啡屋等。

6. 连锁加盟

连锁加盟是一种成功的商业模式，可以为加盟者提供成功的模式和经验。

大学生经营、管理经验不足，可以选择通过连锁加盟形式创业，快速掌握经营所需的经验和知识，降低风险。大学生选择加盟连锁企业时，一定要选择体系相对完善、适合自己的项目，以更进一步降低创业风险，提高创业成功率。

(二)创业项目的选择

1. 岗位创业

所谓"岗位创业"，指员工不离开企业，在从事本职工作基础上，通过引进市场机制、风险意识，使被动履行岗位职责变为主动对岗位工作的负责和创新，把效益和风险捆绑在一起，以优秀业绩、创新成果等实现超越工资的财富梦想。

长期以来，我国大学生的自主创业率徘徊在1%左右，创业层次低，规模小，效益差。究其原因就是大学生岗位创业能力差，专业创造和创新能力不足。

第六章　大学生创新创业

从本质上看，岗位创业是对企业用人的主体和利益关系的转变，具体如下。

（1）劳动者主体身份的转变，从打工者转变为合作者。

（2）岗位责任主体的转变，从履行岗位职责转变为岗位创业，成为企业发展的主人。

（3）劳动关系的转变，从雇工关系转变为合作共赢关系。

2. 服务业创业

所谓"服务业创业"，指从事服务产品的生产、交换和消费等环节的创业活动，该创业项目具有以下基本特点。

（1）无生产地域限制，无经营品种限制，经营路子宽、活动范围广。

（2）经营方式灵活，大企业多采取综合经营方式，小企业可采取专业经营方式。

（3）业务技术性强，服务人员应在一定领域具有较高职业能力。

（4）创业资金与启动门槛不高。

（5）经营模式形成受服务对象消费理念、习惯影响大。

3. 科技创业

所谓"科技创业"（Technology entrepreneurship）是创业者在高层次技术的基础下进行的创业活动。我国经济学家洪银兴认为，科技创业是将知识创新的成果孵化为新技术和企业的创业。科技创业是当代大学生创业的热点领域。

科技创业主要是靠知识和技术作为生产力进行创业，科技创业成功的关键应抓好以下两个创业环节。

（1）把知识变成技术，以企业方式运作的现代化的实验室，形成兼具潜力与活力的"实验室经济"，把"实验室经济"作为企业自主创新的"孵化器"。

（2）把技术变为产业，关键是要有风险投资。需要顺畅的社会运作机制。

4. 网络创业

所谓"网络创业",是依托网络信息技术为基础进行的创业活动,创业成本低、形式新颖,是近年来的新兴创业形式。

网络创业具有以下特点。

(1)创业门槛低,大学生无论是否毕业,无论何种专业,只要熟悉网络,热爱网络,有好的理念、创意和能力,就能在网络世界实现低成本的投入和快速扩张。

(2)技术要求较低。在电子商务领域,国内有各类成熟的平台提供商,为大学生创业提供了平台。

(3)相对于实体创业,网络创业投入风险相对较低。

5. 绿色创业

所谓"绿色创业",是通过创业方式主动地实现生态目标,开发符合"未来"需求的绿色产品和服务来开拓市场进行创收的经济活动。[①]

绿色创业作为一种全新的创业方式,具有不同于传统企业的以下特点。

(1)绿色创业是生态化创业,注重创新和创建绿色组织。

(2)绿色创业依赖绿色市场和绿色消费者,必须让消费者认识到现存技术与产品的不可持续性,从而促进消费者产生消费需求。

(3)绿色创业是具有长周期性与政策依赖性的创业,扮演着生态建设与创业的双重角色。

6. 社会创业

所谓"社会创业",是以解决各种社会问题为使命的创业行为,其关键特征主要体现在社会性方面。

(1)以"解决社会问题"为导向。例如,雇用困难群体人员、销售相关的产品和服务。

---

① 奚国泉.创业人才培养研究[M].北京:清华大学出版社,2013.

（2）具有显著的社会目的和使命。社会创业的创业者或机构在社会部门中扮演变革代理人的角色，与商业创业相比，经济价值不再是主要目标。

（3）问题解决方式的创新性。与商业创业不同，社会创业所面对的社会问题在一定程度上具有紧迫性、棘手性、社会危害性等特点，因此，社会创业在解决问题时需要更强的创新性。

（4）核心资本的社会性。与商业创业不同，社会资本如社会关系、合作伙伴网络、志愿者和社会支持等是社会创业的核心资本。社会资本具有资源杠杆功能，社会创业者或机构通过构建广泛的伙伴网络关系，为企业带来创业资本。

二、大学生创业误区

（一）全民创业，创业难成功

当前，我国已经进入全民"创业时代"，经济的快速持续增长，为创业者提供了大量机会，创业者的发展空间广阔，越来越多的人具有创业意愿并付诸创业行动，但创业市场竞争激烈，创业成功者毕竟属于少数。

面对激烈的社会竞争，很多大学生想创业，又不敢创业，认为创业困难大、难以成功，因此，放弃创业。

（二）盲目跟风，拿来主义

大学生缺乏创业实践经验，在创业道路上容易盲目照搬他人模式，例如"别人怎么干，我就怎么干""跟着成功的大企业走不会有错"，但往往是人家创业成功，自己创业却失败。此类创业失败的原因无外乎以下两个方面。

一方面，创业者急于求成，认为复制别人的创业经验与办法是一条捷径，没有认识到创业是一种创造性的生产活动，没能充分认识和有效使用自己的资源。

另一方面,有些创业企业为了实现快捷发展、做大做强的目标,盲目套用大公司的成功经验,忽略本企业规模小和创办时间短的实际,机构臃肿、决策缓慢、执行力弱,丧失竞争优势。

(三)资金充足,创业一定成功

很多创业者在创业初期面临的最大困难就是资金问题,因此,导致很多创业者认为,"只要有资金就不愁发大财"。实际上这是一种错误的创业认知,创业资金对于创业成功具有重要的影响,但绝不是创业成功与失败的决定性因素。

创业初期资金过于充足,对于创业者而言是一把双刃剑,可能给企业管理者和员工造成安乐感,缺乏约束的、冲动的花费可能给企业带来严重的人事管理和资金管理问题,要将钱花在应用之处。

(四)急于求成、求快求大

受各种因素的影响,很多创业者选择创业可能是投入了全部家当,只能背水一战,迫于各方面的压力,一些创业者会想要快速实现企业的营利,渴望在短期内取得很大的成功,盲目追求扩大规模、扩大经营,急于求成,可能导致决策的失误,从而给年轻的企业带来不可挽回的致命打击。

必须充分认识到,任何一个企业的发展都有一个成长周期,是由小到大逐步成长的。在创业的前几年更应该为企业的未来发展奠定基础,扎实务实、不要冒进。

(五)单枪匹马,不重视合作

无数成功的企业发展案例告诉我们,单枪匹马地做强做大企业几乎是不可能的,即便是做大做强也难以持续,企业的发展只依靠一两个人是不够的,而是需要整个团队的共同努力。

大学生创业者各方面经验都比较缺乏,在创业时,更应该多寻求与人合作的机会,总想完全拥有整个公司的所有权和控制权只会限制企业的成长。创业者要有开阔的眼界,广阔的胸怀。

第四节 "互联网+"时代的创业革命

一、"互联网+"是社会发展趋势

(一)什么是"互联网+"

在互联网技术快速发展的现代社会,互联网实现了全世界范围内的信息的快速传播,使整个地球变成一个"地球村"。全球范围内人与人之间的交流更加便利,互联网技术的出现更是开创了人类社会文化交往的新时代。

早在 2012 年,谷歌公司每天要处理的数据量就达到美国国家图书馆所有纸质出版物所含数据量的上千倍。Facebook 这个创立时间不长的公司,每天更新的照片量超过 1000 万张,每天人们的网站"喜欢"(Like)点击或评论超过 30 亿次。Twitter 上每天都会发布超过 4 亿条微博。一组名为"互联网上一天"的数据显示,一天之中,互联网产生的全部内容可以刻满 1.68 亿张数字视频光盘(DVD);每天的网络邮件发送有 2 940 亿封;社区帖子发布每天达 200 万个;网络营销手机数量每天为 37.8 万台……

2015 年 3 月 5 日,第十二届全国人大三次会议上,李克强总理在做报告时首次明确了"互联网+"的概念和计划行动,李克强总理指出:制订"互联网+"行动机会,推动移动互联网、云计算、大数据等与现代制造业的结合,引导互联网与其他行业发展的集合,促进互联网企业国际市场的拓展。

随着互联网技术的持续快速发展,互联网技术越来越普遍和深入人们日常生活,现代人们生活向智能生活方式转变,"互联网+

万物+云计算+创新+智能终端"的"互联网+"集成态势逐渐形成。

(二)"互联网+"的本质与特征

1."互联网+"的本质

"互联网+"是在互联网的基础上构成的一个能实现人与物、物与物的信息交换与共享的网络系统,"互联网+"的关键不在"+",而在"网"。[①]

"互联网+"的核心是互联网技术,以互联网技术为基础,借助互联网的网络系统,实现互联网服务的拓展,促进人类生活、生产、经济活动运作、社会活动组织的智能化、便捷化。

2."互联网+"的特征

"互联网+"具有以下基本特征。

网络化——"互联网+"的基础,无论是M2M、专网、无线、有线,都必须形成信息传播的网络状态。

物联化——实现人与物、物与物的即时交流。

互联化——在一定协议下,实现多种网络分布式、协同式并存、融合。

感知化——依托信息传感设备识别、收集信息,如射频识别、红外感应、全球定位等。

自动化——通过信息技术软件自动处理信息。

智能化——通过技术应用代表人、代替人"对客观事物进行合理分析、判断,有效处理周围环境并采取有目的的行动"。

(三)"互联网+"背景下的商业创业模拟竞赛

商业模拟竞赛是当代大学生实践式创业的一个重要教育模

---

① 龙再华.互联网+:改变世界的新产业革命[M].哈尔滨:黑龙江科学技术出版社,2015.

式,可通过计算机虚拟市场,仿真市场调查,全程通过计算机实现创业的每一个过程,为大学生提供创业体验。同时,商业模拟竞赛既可以避免遭受真实残酷的创业中的打击,又可以使学生感受逼真的创业体验。商业模拟竞赛要求比赛者们做出大量的决策。这些决定都取材于现实中新成立的公司所需要做的决定。每个决定都被限制在其最重要的方面,以保持比赛的可控性。不过,在比赛中有足够的复杂性和现实性,在模拟平台中学生将会受到非常大的挑战,比赛中的挑战和现实中新成立的公司所面临的挑战一样,创业者必须不断地做出大量的战略和战术决策以应对市场竞争。[①]

二、"互联网+"时代的创业推广营销

(一)微博营销

微博,是微博客(WicroBlog)的简称,是一种有效的网络营销工具。企业发展推广可以与微博的运营商进行共同策划推出推广计划,同时,还可以以企业微博、代言人微博、用户微博等为载体进行企业宣传与推广。

微博的营销活动大体分为两种,一种是平台活动,一种是企业独立活动。微博平台活动,是微博官方的活动,如有奖转发、系统抽奖等。企业独立自建活动是企业自己所属微博中发起的活动,如晒单有礼、盖楼、随手拍等。

企业的微博自建活动、微博推广活动都能起到扩大企业知名度、吸引关注的目的,但是二者有一定的区别,活动操作也不同(表6-2)。

[①] 李新宇.美国"聚集型"创业教育对我国创业教育的启示[J].教育教学论坛,2015(42):1.

表 6-2 企业微博自建活动与微博推广活动的操作

操作程序	企业微博自建活动	企业微博推广活动
1	确定主题	活动推广，平衡和自建活动，吸引粉丝参与、增加搜索量
2	撰写活动方案	草根账号推水、花钱请大号转发
3	活动发布与互动维护	异业合并，通过赞助奖品等与其他微博联合互动
4	公布活动结果、发奖	微应用，开发微博APP应用，吸引人参与、推广企业微博
5	活动分析：转发、评论、粉丝数、ROI 等数据分析	找到潜在用户主动关注

(二)微信公众平台营销

微信公众平台有订阅号与服务号两种类型，前者主要为用户提供信息与咨询，后者为用户提供服务。

企业通过注册微型公众平台，建立自己的微信公众账号，定期或不定期发布信息，开展企业推广活动。具体注册过程操作如下。

第一步，查找微信工作平台入口，登陆微信官方网站（http://mp.weixin.qq.com/）。

第二步，注册用户名，并进行邮箱验证。

第三步，选择账号类型，有三种类型可供选择（图6-8）。注意一旦成功建立微信公共账号，不可更改类型。

第四步，认证。企业注册认证应点击企业的选项卡，提供企业的营业执照和法人代表的身份证照片，需要本人手持身份证拍照。

第五步，公众号信息。输入账号名称、功能介绍，选择国家。注册申请通过之后就可以进入微信公众平台。在"设置"中最下面看到自己的微信二维码，可以保存并发送给目标人群寻求关注。

第六章 大学生创新创业

图 6-8

（三）移动互联网 APP 营销

随着智能手机和平板电脑等移动终端设备的普及，人们逐渐习惯了使用 APP 客户端上网的方式，而目前国内各大电商，均拥有了自己的 APP 客户端，并拥有大量的客户人群。

APP，是应用程序 application 的意思，是移动设备上的一个客户端应用，用户可以在自己的移动设备上下载厂商官方的 APP 软件，对不同产品进行无线控制。

APP 营销，是应用程序营销，通过手机、社区、SNS 等平台上运行的应用程序来开展营销活动。

随着互联网越来越开放化，APP 作为一种盈利模式受到互联网商业主体的重视，如淘宝开放平台、腾讯的微博开发平台、百度的百度应用平台都是 APP 思想的具体表现，它们面向和聚集不同的网络受众，获取流量，并通过流量操作实现变现。

现阶段，随着移动互联网的兴起，越来越多的互联网企业、电商平台将 APP 作为销售的主战场之一。通过 APP 进行盈利是各大电商平台的发展方向。

（四）互联网与传统媒体联合营销

新的媒介的出现并不一定会导致旧的媒介的消亡，网络广告传播模式不可能完全替代传统广告传播模式，企业进行商业推广，应多管齐下，将网络与传统相结合，实现广告效果最优化。

参考文献

[1] 石建勋.职业生涯规划与管理[M].北京：清华大学出版社,2017.

[2] 曲振国.大学生就业指导与职业生涯规划[M].北京：清华大学出版社,2015.

[3] 李明,常素芳,陈学雷等.未雨绸缪——大学生职业生涯规划[M].北京：清华大学出版社,2014.

[4] 贺杰,朱光辉.大学生职业生涯发展规划与就业指导[M].南京：东南大学出版社,2008.

[5] 季跃东.大学生职业发展与就业指导[M].北京：科学出版社,2008.

[6] 肖利哲等.大学生职业生涯规划理论与设计[M].北京：科学出版社,2011.

[7] 孙凡.大学生职业生涯管理能力结构分析与培养策略研究[J].知识经济,2019（13）：130.

[8] 林小明.创新驱动发展战略下高职院校学生就业工作供给侧与需求侧结构性改革研究——以广东省三线城市高职院校为例[J].才智,2019（19）：136-137.

[9] 颜笑,赵欢君,陈睿.大学生就业环境认知偏差原因及应对措施研究[J].现代营销,2019（8）：24.

[10] 王旭东.大学生就业需"画出最大同心圆"[J].中国就业,2019（7）：55.

[11] 刘俊贤,白雪杰.大学生职业规划、就业指导与创业教育[M].北京：清华大学出版社,2015.

[12] 奚国泉.创业人才培养研究[M].北京:清华大学出版社,2013.

[13] 李艳楠,宗晓燕.中国大学生创业政策及其优化对策分析[J].黑龙江生态工程职业学院学报,2019,32(4):69-70.

[14] 彭志武.大学生创业制约因素及政策取向[J].中国冶金教育,2019(3):83-85.

[15] 王沛,胡发稳,左丹.大学生职业心理研究:基于职业决策困难与创业心智的视角[M].北京:科学出版社,2013.

[16] 刘俊良.青年创业:如何从青涩走向成熟[N].中国劳动保障报,2019年7月3日第003版.

[17] 林业铖."双创"背景下大学生创业社会支持系统的构建[J].盐城师范学院学报,2019,39(4):93.

[18] 孙德林.创新创业多样化人才培养模式研究.基于"本科教学工程""专业综合改革"视角[M].北京:科学出版社,2013.

[19] 张庆英.创新教育与教育的创新[M].北京:中国财富出版社,2016.

[20] 楼智慧,程艳冉.新形势下高职学生创业心理教育面临的困境及解决对策[J].科学咨询(教育科研),2019(21):32.

[21] 李晓雯,陈静雯,邢浩.大学生创业意向及需求调查研究——基于不同类别高校的比较[J].现代商贸工业,2019(7):82-83.

[22] 李学东,潘玉香.大学生创业实务教程[M].北京:经济科学出版社,2006.

[23] 龙再华.互联网+:改变世界的新产业革命[M].哈尔滨:黑龙江科学技术出版社,2015.

[24] 董晓红,李娜.女大学生职业生涯规划[M].北京:科学出版社,2014.

[25] 庞春云.职业女性:维权从证据开始[J].职业,2005(3):38.

[26] 林丽拉. 当代中国女性权益保护研究 [D]. 华侨大学博士论文, 2010.

[27] 袁利敏. 全面二孩政策下妇女权益保障法律问题研究 [D]. 华南理工大学硕士论文, 2018.

[28] 于洋. 在职女性生育期间劳动权益保障研究 [D]. 内蒙古大学硕士论文, 2017.

[29] 李新宇. 大学生创业素质培养研究 [J]. 新教育时代, 2015（4）.

[30] 李新宇. 美国"聚集型"创业教育对我国创业教育的启示 [J]. 教育教学论坛, 2015（42）: 1.

[31] 李新宇. 女大学生"创业难"的原因分析及对策研究 [J]. 河北工程大学学报, 2015, 32（3）.